AI 시대, 문해력은 이렇게 키웁니다

AI 시대, 문해력은 이렇게 키웁니다

미래를 여는 읽기 쓰기 교육 실전 가이드

초 판 1쇄 2026년 01월 16일

지은이 나기쁨, 이제은
펴낸이 류종렬

펴낸곳 미다스북스
본부장 임종익
편집장 이다경, 김가영
디자인 임인영, 윤가희, 윤영빈
책임진행 이예나, 안채원, 김은진, 국소리, 송가희, 이지영

등록 2001년 3월 21일 제2001-000040호
주소 서울시 마포구 양화로 133 서교타워 711호
전화 02) 322-7802~3
팩스 02) 6007-1845
블로그 http://blog.naver.com/midasbooks
전자주소 midasbooks@hanmail.net
페이스북 https://www.facebook.com/midasbooks425
인스타그램 https://www.instagram.com/midasbooks

ISBN 979-11-7355-645-6 03370

값 **18,500원**

미다스북스는 다음세대에게 필요한 지혜와 교양을 생각합니다.

미래를 여는
읽기 쓰기 교육
실전 가이드

AI 시대,
문해력은
이렇게
키웁니다

나기쁨
이제은
지 음

미다스북스

1장

{   AI 시대, 책을 다시 읽다   }

2장

{   책이 좋아지는 순간을 만들자   }

3장

{   깊어지는 독서, AI와 함께   }

4장

{ 글쓰기를 놀이로 바꾸는 마법 }

5장

{ 생각을 키우는 글쓰기는 다르다 }

일러두기

이 책에는 독자 여러분이 아이들과 직접 사용할 수 있는 다양한 상황별 AI 프롬프트가 수록되어 있습니다. 효과적으로 활용하실 수 있도록 몇 가지 사항을 안내드립니다.

1. 프롬프트 사용법

책에 제시된 <프롬프트>는 ChatGPT, Gemini 등의 AI 챗봇에 그대로 입력하여 사용할 수 있습니다. 일부 프롬프트의 뒤에는 <프롬프트 결과 예시>가 제시되어 있어, 어떤 방식으로 대화가 전개될 수 있는지 참고하실 수 있습니다.

2. {중괄호} 표시의 의미

프롬프트 안에 {중괄호}로 표시된 부분은 독자가 직접 내용을 채워 넣어야 하는 부분입니다.

예시:
- {책 제목} → 실제 읽은 책의 제목 입력
- {아이 이름} → 자녀의 이름 입력
- {학년} → 해당 학년 입력

중괄호를 포함하여 해당 부분 전체를 실제 내용으로 바꾸어 사용하시면 됩니다.

3. 프롬프트 제목 표기

각 프롬프트의 역할이나 활용 목적을 담아 [제목] 형식으로 표기하였습니다. 이를 참고하여 적용하고자 하는 상황에 알맞게 프롬프트를 선택해보세요.

4. AI 사용 시 유의사항

이 책에서 소개하는 모든 프롬프트는 아이의 사고력과 표현력을 키우기 위한 '도구'입니다. AI가 대신 생각하거나 대신 쓰는 것이 아니라, 아이가 스스로 생각하고 표현하는 과정을 돕는 조력자로 활용해 주시기 바랍니다.

- 주인공은 항상 '아이' 자신입니다.
- AI는 질문하고, 제안하고, 함께 탐색하는 동반자입니다.
- 최종 선택과 표현은 아이가 직접 합니다.

5. 맞춤형 활용

제시된 프롬프트는 기본 틀입니다. 아이의 연령, 관심사, 수준에 맞게 자유롭게 수정하여 사용하시기 바랍니다. 더 쉽게, 더 구체적으로, 또는 더 깊이 있게 조정하실 수 있습니다.

6. 프롬프트 모음 페이지

이 책에서 소개한 프롬프트를 PC와 모바일에서 쉽게 복사하여 사용할 수 있도록 노션 페이지에 모아 공유 드립니다. 아래 링크를 통해 접근하거나 QR코드를 스캔해보세요.

https://bit.ly/AI-lit-kids

들어가며

요즘 아이들은 참 빠르다. 신체 성장 속도도, 새로운 것에 대한 습득도, 트렌드에 관심을 옮겨가는 템포도 이전 세대와 다르다는 말을 흔히들 한다. 정말 그렇다. 세상도, 아이들도 빠르게 변하고 있다. 그럴 수밖에 없는 일이다. 아이들이 자라는 세상 자체가 너무 빠르게 움직이기 때문이다.

오늘날 우리는 그 어느 때보다 빠르게 변화하는 사회 속에 살고 있다. 하루가 멀다 하고 새로운 기술이 등장하고, 어제의 혁신은 금세 익숙한 일상이 된다. 최신이라 여겼던 것들이 얼마 지나지 않아 구식이 되는 일도 흔하다. '바쁘다 바빠 현대사회'라는 시쳇말이 더 이상 농담처럼 들리지 않는다. 우리는 4차 산업혁명이라는 커다란 물결 속에서, 변화가 일상이 된 시대를 살고 있다.

종종 진로 강의를 하며 아이들과 함께 이런 미래를 그려보곤 한다. 앞으로 어떤 세상이 올까, 그 안에서 나는 무엇을 하며 살아갈 수 있을까. 하지만 그 이야기는 언제나 추상적이고, 때로는 먼 미래의 공상처럼 느껴진다. 그럼에도 한 가지는 분명하다. 세상이 아무리 변해도, 어떤 기술이 등장하더라도 변하지 않는 힘이 있다는 것. 바로 '생각하는 힘'이다.

세상을 궁금해하고, 끊임없이 묻고, 새로운 것을 자기만의 시선으로 엮어내는 힘. 그것이야말로 앞으로 아이들이 살아갈 세상에서 가장 확실한 경쟁력이 될 것이다.

컴퓨터가 단순한 계산이나 자료 정리를 넘어, 글을 쓰고 그림을 그리고 음악을 만드는 세상이다. 인공지능은 이제 인간의 고유 영역이라 여겨졌던 창작 활동까지 넘보고 있다. 피지컬 컴퓨팅이 더해지면서 인간의 손과 발, 감각까지 대신할 수 있는 세상이 되었다. 기술이 이렇게 똑똑해지면, 인간의 역할은 어디까지 남을까? '생각하는 힘'이 여전히 필요한 걸까? 문득 그런 질문이 떠오른다.

요즘 우리는 조금씩 '덜 생각하는' 방향으로 가고 있는지도 모른다. ChatGPT 같은 생성형 인공지능이 대신 생각해주고, 대신 써주고, 대신 답을 찾아준다. 고민할 필요가 없다. 빠르고 편하다. 더 적게 고민하고도 더 많은 결과를 얻는 방식은 분명 매력적이다. 하지만 그 편리함 속에서 우리는 서서히 '생각의 근육'을 잃어가고 있지 않을까? 생각하는 과정 자체를 건너뛰는 습관은 결국, 우리의 사고력과 문제해결력을 조금씩 퇴화시킬 것이다.

그래서 지금, 오히려 '생각하는 힘'이 더 절실하다. 기술이 무엇을 해주는가 보다, 그것을 어떻게 바라보고 활용할 것인가가 더 중요해졌기 때문이다. 인공지능을 포함한 모든 기술은 결국 인간의 생각 위에서 의미를 가진다. 기술의 발전보다 더 근본적인 것은, 그 기술을 이해하고 성찰할 줄 아는 인간의 힘이다.

기술을 단순한 도구로 대하는 것이 아니라, 그것이 우리 삶에 어떤 영향을 미칠지를 묻는 힘. 바로 그 힘이야말로, 변화의 시대를 살아가는 아이들에게 가장 든든한 나침반이 될 것이다.

아이들과 함께하다 보면, 생각하는 힘은 결코 특별한 재능에서 비롯되지 않는다는 걸 깨닫게 된다. 생각은 언제나 '읽는 것'과 '쓰는 것'에서 시작된다. 읽으며 세상을 배우고, 쓰며 스스로를 이해한다. 그래서 사고력과 이해력을 키우는 가장 기본적이고도 본질적인 활동은 결국 '독서'와 '글쓰기'다.

책을 읽는다는 것은 단순히 지식을 얻는 일이 아니다. 다른 사람의 생각 속으로 걸어 들어가, 그 길을 따라가며 나의 길을 찾는 일이다. 그리고 글을 쓴다는 것은 그 여정을 내 언어로 정리하고, 나만의 시선으로 세상을 다시 바라보는 일이다. 이 과정은 단순한 표현이 아니라 '생각의 근육'을 단련하는 일이며, 아이들이 자신과 세상을 연결하는 가장 확실한 방법이 된다.

그렇다면 지금, 이 빠르게 변하는 시대에 우리는 어떻게 아이들의 독서와 글쓰기를 도울 수 있을까? 오랫동안 독서는 종이책과 손글씨, 그리고 조용한 사유의 시간 속에서 이루어졌다. 필자 역시 그런 아날로그적 방식이 사고를 깊게 만들고, 감정을 섬세하게 다듬는 가장 좋은 길이라고 믿어왔다. 하지만 이제 세상은 달라졌다. 인공지능이 책을 요약하고, 생각을 정리해주며, 때로는 글을 대신 써주는 시대가 되었다.

그렇기에 우리는 묻게 된다. '앞으로의 독서와 글쓰기는, 과연 어떤 모습이어야 할까?'

아이들의 일상은 이미 디지털 속에 있다. 짧은 영상에 익숙해진 눈, 빠른 정보에 길들여진 손끝은 긴 글을 읽고 천천히 생각하는 데 어려움을 느낀다. 그래서일까. 책을 멀리하는 아이들이 늘고, '독포자'라는 말이 자연스럽게 쓰이기 시작했다.

하지만 아이들이 정말 책을 싫어하는 걸까? 어쩌면 그들은 자신에게 맞는 '읽기 방식'을 아직 찾지 못했을 뿐일지도 모른다. 생각을 표현할 언어가 부족하고, 사고를 확장할 질문이 없으니, 책 속 세계가 낯설게 느껴지는 것이다.

이제 독서는 단순히 정보를 얻는 활동을 넘어, 세상과 자신을 연결하는 경험으로 확장되어야 한다. 표면적인 이해에 그치지 않고, 질문을 던지고, 다른 시선으로 바라보는 연습이 필요하다. 양보다 질, 속도보다 깊이. 읽기의 목적은 더 많은 책을 아는 데 있지 않다. 그 안에서 '나'를 발견하고, 생각을 확장하며, 세상과 공감하는 법을 배우는 데 있다.

그래서 지금, 우리는 다시 묻는다. 기술이 아무리 발전해도, 아이들이 스스로 생각하고 느끼는 그 순간만큼은 어떤 인공지능도 대신할 수 없다는 것을.

그렇다면 우리가 해야 할 일은 명확하다. 아이들이 책과 다시 만나고, 질문을 통해 생각을 확장하며, 글쓰기를 통해 스스로의 목소리를 찾아가도록 돕는 일. 바로 그 여정에 인공지능이 '방해꾼'이 아니라 '동반자'가 될 수 있는 방법을 이 책에서 함께 찾아보고자 한다.

1장

{ AI 시대, 책을 다시 읽다 }

이 장에서는 AI가 아이들의 독서와 글쓰기를 어떻게 바꾸고 있는지 이야기한다.

쉽게 얻는 정보 속에서 생각할 기회가 줄어든 지금, 질문하고 탐색하며 의미를 만들어 가는 독서가 왜 다시 중요해졌는지 돌아본다. AI와 함께하는 새로운 독서와 글쓰기 경험을 통해, 편리해진 정보 습득의 환경 속에서도 아이들의 성장을 돕는 방법을 함께 고민해본다. 기술과 인간이 함께 만드는 진짜 '읽기'와 '쓰기'는 무엇인지, 그 가능성을 함께 탐색해보자.

| 1 |

생각 근육이 약해지는 아이들

"ChatGPT가 그랬어요."

요즘 아이들과 대화하다 보면 종종 듣게 되는 말이다. 인공지능과 대화하며 아주 창의적인 아이디어를 발견한 아이들에게서 이 말을 들을 때는 놀라움과 함께 반가움이 밀려온다. 하지만 전혀 엉뚱한, 사실과는 거리가 먼 답을 곧이곧대로 믿고, 그것을 'ChatGPT의 말'이라며 근거로 제시하는 아이를 만나면 눈앞이 아찔해진다.

아이들은 모르는 것이 생기면 더 이상 책을 펴지 않는다. 책장을 넘기며 스스로 답을 찾는 대신, 손끝으로 몇 자만 입력한다. 이제는 검색조차 하지 않는다. 그저 인공지능에게 묻는다. 질문 하나면 답이 나오고, 요약된 정보가 눈앞에 펼쳐진다. 아이들은 더 이상 여러 자료를 비교하거나 생각을 엮어보려 하지 않는다. 사고의 여정은 점점 짧아지고, '빠르고 간편한 답'이 모든 과정을 대신한다. 아이들에게 질문은 더 이상 '탐구의 시작'이 아니라, '결과를 얻기 위한 도구'가 되어버린 듯하다.

정보를 찾아 헤매는 수고가 사라지면서, 편리함은 커졌지만 그만큼 '생각의 여백'은 점점 사라지고 있다. '라떼' 이야기를 꺼내자면, 예전에는 하나의 주제를 이해하기 위해 여러 책과 자료를 읽고, 각각의 관점을 비교하며 스스로 결론을 내야 했다. 그 과정에서 우리는 정보의 구조를 파악하고, 서로 다른 내용을 엮어 하나의 맥락을 만드는 힘, 곧, 자료를 통합하고 깊이 있는 지식을 구성하는 능력을 길러왔다.

하지만 이제는 검색창에 질문 하나를 입력하면 단 몇 초만에 AI가 요약된 답을 제공한다. 쉽게 얻은 정보는 깊이 남지 않고, 아이들은 다양한 자료를 탐색하거나 연결하려는 시도 자체를 덜 하게 된다. 결국 손쉬운 정보 접근이 '사고력의 근육'을 약화시키는 역설적인 결과를 낳고 있는 셈이다.

이런 환경 속에서 아이들의 사유 습관도 조금씩 변하고 있다. AI가 대신 요약해주고 글을 써주기 때문에, 스스로 고민하거나 문장을 다듬는 '느린 사고의 과정'을 거칠 필요가 없다고 느낀다. 복잡한 문제 앞에서도 오래 생각하기보다 "AI가 더 잘할 텐데."라며 넘겨버린다. 그 결과, 깊이 있는 사고가 필요한 순간에도 즉각적인 답변에 의존하는 습관이 굳어지고, 스스로 사유하고 판단하는 힘은 점점 게을러진다.

또한, 이제는 누구나 쉽게 콘텐츠를 생산할 수 있는 시대가 되었다. AI가 그림을 그리고, 음악을 만들고, 글을 써준다. 덕분에 창작의 문턱은 낮아졌지만, 동시에 매체의 난립이 가속화되었다. 수많은 정보가 범람하는 디지털 환경에서, 진짜로 가치 있는 정보를 찾아내는 일은 오히려 더 어려워졌다. 정보를 '선택'하는 능력, 다시 말해 판단력과 비판적 사고력이 그 어느 때보다 중요해졌다. 그렇지 않으면 아이들은 정보의 양에 압도되어 무엇이 본질이고 무엇이 허상인지 구분하지 못한 채 휩쓸리게 된다.

게다가 인공지능의 발전은 정보의 신뢰성 문제까지 심화시키고 있다. AI가 만들어낸 텍스트, 이미지, 영상은 이제 너무나 정교해져서, 진짜와 가짜를 구별하기 어렵다. '딥페이크' 영상이나 조작된 뉴스가 빠르게 확산되면서, 아이들이 그것을 그대로 믿는 사례도 늘고 있다.

결국 이 모든 변화의 중심에는 사고의 게으름이 자리한다. 쉽게 얻는 정보, 빠른 요약, 자동화된 결과물 속에서 아이들은 점점 '스스로 생각할 이유'를 잃어가고 있다. 그러나 진짜 배움은 답을 아는 데서가 아니라, 그 답을 찾아가는 과정 속에서 자란다. 책을 읽고, 생각을 곱씹고, 스스로의 언어로 정리해보는 일. 그 느리고 고단한 과정이야말로 사고력을 키우는 가장 확실한 방법이다.

물론 AI가 단순한 위협만은 아니다. 아이들이 질문을 던지면 몇 초 만에 답을 보여주지만, 그 과정 속에서도 생각을 돕는 동반자가 될 수 있다. 적절한 질문과 안내만 더해진다면, 제시한 정보를 단순히 받아들이는 것이 아니라, 스스로 의미를 곱씹고 연결하는 연습을 할 수 있다. 즉, AI는 사고 근육을 약화시키는 위험만 있는 것이 아니라, 오히려 아이들이 더 깊이 생각하도록 유도하는 도구가 될 수도 있다. 이제 우리 앞에는 선택지가 있다. AI를 단순히 편리한 답변 상자로만 볼 것인지, 아니면 아이들이 책과 생각 속에서 길을 찾도록 도와주는 새로운 조력자로 삼을 것인지.

앞으로의 이야기는 바로 그 가능성을 염두에 두고, 변화하는 시대의 독서 교육을 다시 바라보는 관점에서 시작된다.

| 2 |

능동적으로 읽는다는 것

우리는 더 이상 그냥 정보를 받아들이기만 하는 시대에 살고 있지 않다. 예전처럼 책장을 넘기며 작가가 정해 놓은 글을 따라가던 시대는 지났다. 지금의 아이들은 뉴스, 영상, SNS, 그리고 AI가 만들어내는 텍스트가 끊임 없이 흐르는 디지털 강물 속을 헤엄친다. 한눈 팔면 금세 새로운 정보가 흘러 들어오고, 어떤 이야기는 순식간에 사라진다. 이런 세상에서 단순히 '읽는 사람'으로 머무르는 것은 충분하지 않다. 스스로 정보를 골라내고, 의미를 만들고, 그것을 활용할 줄 아는 능동적 독자가 필요하다.

능동적 독자는 그냥 읽지 않는다. 한 문장을 이해했다고 끝내지 않는다. 질문을 던지고, 다시 생각하고, 서로 다른 자료를 엮어 자기만의 결론을 만들어낸다. AI가 준 답이 마음에 들어도 거기서 멈추지 않는다. "왜 그럴까?" 하고 한 번 더 묻고, 또 다른 관점을 찾아본다. 그렇게 반복하면서 독자는 단순한 정보 소비자가 아니라, 자신만의 지식을 창조하는 주체가 된다.

재미있는 건, 이제 AI도 하나의 읽기 매체로 자리 잡기 시작했다는 것이다. 과거에는 종이에 인쇄된 '고정된 글'을 읽으며 의미를 해석하는 것이 중심이었다면, 이제 우리는 '흐르는 글'을 읽는 시대에 살고 있다. AI와 상호작용하는 독서는 단순히 답을 얻는 과정이 아니라, 끊임없는 질문과 응답,

재질문의 반복 속에서 정보의 흐름을 따라가며 스스로 의미를 만들어가는 경험이다. 독자는 AI가 제공하는 텍스트를 단순히 받아들이는 것이 아니라, 그 속에서 필요한 정보를 골라 조합하고, 새로운 지식을 만들어내는 능동적 탐색자가 된다.

이런 점에서 AI는 단순한 정보 제공자를 넘어, 생각을 자극하고 질문을 확장하게 도와준다. 글을 읽는다는 행위가 더 이상 일방적 수용이 아니라, 독자와 함께 만들어가는 살아 있는 대화가 되는 셈이다.

하지만 AI와의 상호작용이 항상 순탄한 길만 제공하는 것은 아니다. 알고리즘 중심의 맞춤형 콘텐츠 제공은 아이들의 편향성을 강화할 수도 있다. 사용자가 관심 있는 정보만 반복적으로 노출되는 필터버블 현상을 강화할 수 있다. 개인의 관심사와 과거 검색 기록을 기반으로 정보를 제공하는 '필터 버블' 속에서, 아이들은 제한된 시각에 갇히거나 무비판적으로 편향된 정보를 받아들이기 쉽다. 다양한 관점에 접근할 기회가 줄어들면서, 사고의 폭과 깊이가 제한될 수 있다. 따라서 능동적 독자는 단순히 AI가 제시한 답을 수용하는 것이 아니라, 교차 검증과 확인을 통해 정보의 신뢰성을 판단하고, 자신의 생각을 확장하는 과정에 능동적으로 참여해야 한다.

핵심은, 사용하기에 따라 단순한 정보 전달 도구가 될 수도 있고, 사고를 확장하는 대화 파트너가 될 수도 있다는 점이다. AI는 다양한 관점을 제공하고 새로운 질문을 유발하며, 독자가 기존 지식을 연결하고 재구성하도록 도울 수 있다. 능동적 독자가 되려면 단순히 정보를 받아들이는 데 그치지 않고, 스스로 질문을 던지고 사고를 확장하는 습관을 길러야 한다. 예를 들어 AI가 요약한 내용을 읽을 때 "이 근거는 무엇인가?", "다른 관점에서는 어떻게 설명될 수 있는가?"와 같이 질문을 던지고, 추가 자료를 탐색하거나 다른 시각의 해석을 요청하는 과정이 필요하다. 반복적 학습과 대화를 통해 AI는 맞춤형 피드백을 제공할 수 있지만, 그 피드백을 그대로 수용하기보다 스스로 판단하고 수정하는 과정을 거쳐야 한다. AI의 답이 옳은지, 다른 근거와 충돌하지는 않는지, 더 나은 표현이 가능한지를 고민하는 과정에서 비판적 사고와 창의적 문제 해결 능력이 함께 발달하며, 이는 독자가 단순한 소비자가 아니라 생산적 참여자로 성장하는 토대가 된다.

정보가 넘실대는 온라인 세상 속에서, 능동적으로 사고하고 질문하며, 스스로 의미를 만들어가는 독자의 힘이 그 어느 때보다 중요하다. 결국 중요한 건, 누가 더 많은 정보를 알고 있느냐가 아니라 그 정보를 어떻게 다루고 해석하느냐다.

정보는 넘쳐나지만, 진짜 의미는 스스로 만들어야 한다. 누군가 대신 정리해준 문장을 외우는 게 아니라, 그 문장 속에서 나만의 생각을 찾아내는 힘. 바로 그것이 능동적 독자의 본질이다.

AI 시대의 독서는 책상 위의 정적인 행위가 아니다. 질문하고, 대답을 듣고, 다시 묻는 끊임없는 대화의 과정이다. 아이가 AI에게 던진 한 문장이 또 다른 질문을 낳고, 그 질문이 새로운 관점을 만들어낸다. 그렇게 읽기와 생각이 얽히며 살아 있는 사고가 자라난다.

그런 아이들에게 AI는 생각을 확장하는 친구가 된다. 질문을 통해 사고의 경계를 넓히고, 다양한 시각을 탐색하며, 자신의 언어로 세상을 다시 써내려가는 과정 속에서 아이들은 점점 더 주체적인 독자가 되어간다.

어쩌면 앞으로도 아이들이 이렇게 말할지 모른다. "ChatGPT가 그랬어요." 그리고 잠시 뒤, 조금 더 밝은 표정으로 덧붙일 것이다. "근데 제 생각은 이래요." 그때 비로소, 기술과 인간이 함께 만드는 진짜 '읽기'가 완성될 것이다.

| 3 |

AI는 독서를 어떻게 바꾸는가

개인적으로 추리소설을 좋아한다. 사건의 실마리를 따라가며 인물들의 심리를 읽고, 곳곳에 숨겨진 단서를 찾아내는 과정이 늘 짜릿하다. 그런데 이 이야기를 오디오북으로 들었을 때의 경험은 완전히 달랐다. 배우의 목소리가 인물의 감정을 실감 나게 전하고, 공간의 잔향과 긴장감 있는 음악이 장면을 입체적으로 만들었다. 눈으로 읽을 땐 미처 놓쳤던 인물의 숨결과 정서가 소리로 살아났다. 그 순간 깨달았다. 이제 독서는 단순히 책을 '읽는' 것이 아니라, 책 속 세계를 '탐험하는' 일이라고. 그리고 그 탐험에는 AI가 함께하고 있었다.

AI는 아이들이 책과 처음 만나는 방식부터 바꿔놓고 있다. 아이들이 독서를 멀리하는 이유는 단순히 책이 재미 없어서가 아니다. 자신에게 맞는 책을 발견하지 못했기 때문이다. 학교 권장도서나 필독서는 종종 아이들의 관심사와 거리가 멀고, '읽어야 하는 책' 속에서 아이들은 점점 "책은 나랑 안 맞아."라고 느낀다. 그렇게 자연스럽게 '비독자'가 되어간다.

AI 북 큐레이션은 이런 문제를 뒤집는다. AI는 아이의 나이와 수준뿐 아니라 관심사와 감정의 흐름까지 분석해 책을 추천한다. 과학 영상을 좋아하는 아이에게는 실험이 등장하는 동화를, 감정 표현이 서툰 아이에게는 공감과 감정의 언어를 다룬 그림책을 제안한다. "이건 네가 좋아할 거야." 그렇게 건네진 한 권의 책이 아이의 첫 자발적 독서를 이끈다.

핵심은 AI가 대신 골라주는 것이 아니라, 아이 스스로 선택할 수 있는 환경을 만들어준다는 점이다. AI가 추천한 여러 책 중에서 스스로 고르는 순간, 아이는 '나는 책을 선택할 수 있다'는 주체성을 느낀다. 그 한 번의 선택이 읽기의 시작이 된다.

AI는 이후에도 아이의 반응을 학습하며 점점 더 정교해진다. 추리소설은 좋아하지만 긴 결말에는 지치는 아이에게는 짧고 긴장감 있는 미스터리를, 감정선에 몰입하는 아이에게는 심리 묘사가 풍부한 이야기를 건넨다. 단순한 추천 시스템이 아니라, 아이의 독서 여정을 함께 걸어가는 '책 친구'가 되어준다.

이 경험은 "책은 어렵다"는 인식을 "책은 나를 이해해주는 존재다"로 바꿔놓는다. 그 순간, 독서는 '해야 하는 일'이 아니라 '하고 싶은 일'이 되고, 아이는 다시 독자가 된다.

AI와 기술은 책과의 만남을 단순한 읽기에서 생생한 경험으로 확장시키고 있다. 오디오북을 통해 아이들은 단어 하나하나가 목소리와 리듬으로 살아 움직이는 것을 느낄 수 있고, VR 기반 독서는 이야기를 눈앞에서 체험하며 몰입하게 만든다. 단순히 글자를 따라 읽는 것이 아니라, 등장인물의 심리와 사건의 흐름을 감각적으로 느끼면서 이야기 속 세계를 탐험한다. 이런 생동감 있는 경험은 독서에 흥미를 느끼지 못했던 아이들에게 책을 가까이하게 만드는 첫걸음이 된다.

또한 시선 추적 기술은 난독증이나 큰 어려움이 없는 아이들에게도 유용하다. 읽는 속도, 집중도가 떨어지는 구간, 눈의 움직임 패턴 등을 분석해, 아이가 책을 이해하고 몰입하는 과정을 효율적으로 돕는다. 이를 통해 교사나 AI는 맞춤형 피드백을 제공할 수 있고, 아이는 자신도 모르게 읽기 능력을 강화하게 된다. 단순한 읽기 훈련이 아니라, 개별화된 독서 지원이 가능해지는 셈이다.

AI는 책과의 상호작용에서 대화 파트너로서의 역할도 수행한다. 단순히 정보를 제공하는 것을 넘어, 책 내용에 대해 함께 이야기하고 질문하며 사고를 확장하는 과정을 경험하게 할 수 있다. 이를 통해 아이들은 심미적 독서 경험을 쌓고, 자신의 생각을 말과 글로 표현하며 의사소통 능력을 기른다. 또한 이야기 속 인물과 상황을 분석하고 공감하는 활동을 반복하면서 대인관계 능력과 정서적 지능 역시 자연스럽게 향상된다.

뿐만 아니라, AI는 아이들이 책에서 느낀 감상을 다양한 매체로 확장할 수 있도록 돕는다. 글로 표현하는 것에 머물지 않고, 그림을 그리거나 짧은 영상으로 재구성하고, 심지어 음악으로 분위기와 감정을 담아내는 활동이 가능해진다. 예를 들어, 이야기를 읽고 난 후 등장인물의 심리를 음악으로 표현하거나, 사건의 흐름을 영상으로 재현하는 과정을 AI가 안내하고 지원할 수 있다.

이 과정에서 아이들은 단순한 독자에서 벗어나 생산적 독자로 성장한다. 읽은 내용을 다른 형태로 재해석하고 표현하면서, 자신의 생각과 감정을 능동적으로 구성하게 된다. AI는 아이가 선택한 매체와 표현 방식을 분석하고, 적절한 도구와 피드백을 제공해 창작의 질을 높인다. 덕분에 아이들은 책 속 이야기를 자신만의 방식으로 재창조하고, 사고와 감정을 풍부하게 확장하며, 독서 경험을 단순한 정보 습득을 넘어 창작과 성찰의 과정으로 만들 수 있다.

결국 AI와 함께하는 독서는 읽기에서 시작해, 몰입, 상호작용, 재창조로 이어지는 다층적 경험으로 진화한다. 아이들은 책을 탐험하고, 생각을 확장하며, 자신의 감정을 다양한 매체로 표현하는 가운데, 단순한 수용자를 넘어 생산적 참여자로 성장하게 된다.

| 4 |

쉬워진 글쓰기, 달라진 고민

필자가 학생들에게 영어 작문을 가르칠 때의 일이다. 그 당시에는 아직 ChatGPT와 같은 생성형 AI가 세상에 널리 알려지지 않았지만, 이미 구글 번역기나 파파고 같은 도구들이 일상 속에서 조금씩 유용함을 체감하게 해 주던 시기였다. 한 아이가 숙제로 제출한 영어 작문을 보았다. 문법은 완벽했고, 어휘 선택도 흠잡을 데 없었다. 그런데 아무리 봐도 이 아이가 썼을 리가 없다는 생각이 들었다. 아이에게 물었다. "네가 직접 쓴 거야?" 아이는 당당하게 고개를 끄덕였다.

아이를 비난하고 싶지는 않았다. 그래서 다시 종이에 한 번 옮겨 적어 보는 숙제를 내주며 마무리했지만, 속으로 느낀 당혹감과 씁쓸함은 오래도록 남았다. 문장을 스스로 조합하고, 오류를 발견해 고치며, 선생님의 피드백을 통해 조금씩 실력이 늘어나는 경험 대신, 아이들은 완성된 결과만 보고 만족하는 듯했다. 머리가 띵해졌다. '결과가 좋아졌다는 착각'이 실제 성장보다 아이들에게 더 큰 만족을 주고 있다는 점이었다.

지금의 학생들에게도 비슷한 일이 벌어지고 있다. 아니, 오히려 더 심각한 일이 일어나고 있다. 책을 읽지 않고 AI에게 독후감을 대신 작성하게 하거나, 숙제용 글을 자동으로 생성된 문장으로 제출하는 경우가 흔해졌다. 국

내 한 상위권 대학의 재학생 약 30%가 에세이 등 글 작성에 생성형 AI를 활용한다고 하니, 중고등학생들은 오죽하겠는가. 학생들은 글을 스스로 고민하며 구성하거나 표현을 다듬는 과정을 거의 경험하지 못한다. 글쓰기의 기본 과정과 사고의 확장을 건너뛰고 있는 것이다. 그럼에도 불구하고, 자신이 글쓰기 능력이 늘었다고 느낀다. 이것이 바로 '가짜 글쓰기 효능감'이다.

중고등학생들끼리 입시 정보나 공부 노하우를 나누는 오픈톡방에 들어가 보면, 선생님한테 들키지 않고 AI를 활용하는 방법을 공유하는 대화를 심심찮게 볼 수가 있다. 어떤 학생은 "이렇게 질문하면 AI가 완벽하게 요약해준다."라며 숙제나 보고서 작성용 프롬프트를 나누고, 또 다른 학생은 AI가 만든 문장을 조금만 손봐서 제출하면 들키지 않는다고 알려주기도 한다. 학생들은 점수와 결과에만 집중하고, 글을 쓰며 사고하고 고민하는 과정은 점점 뒷전으로 밀린다.

가짜 효능감은 겉으로 보기에는 만족스러워 보인다. AI가 만들어낸 문장은 문법과 어휘가 완벽하게 다듬어져 있으므로, 숙제나 보고서 평가에서 좋은 점수를 받을 수 있다. 학생들은 "내 글이 이렇게 잘 나왔다."라는 착각 속에서 잠시 만족감을 느낀다. 하지만 문제는, 이러한 만족감이 진짜 성장으로 이어지지 않는다는 점이다. 사고력, 표현력, 문제 해결 능력, 자기 성찰 능력과 같은 글쓰기 핵심 역량은 전혀 발달하지 않는다. 오히려 시행착오를 경험하고, 선생님의 피드백을 받아 문장을 고치며 느낄 수 있는 진짜 성장의 기회를 놓치게 된다.

이 현상은 단순히 편리한 도구 사용의 문제일까? 디지털 환경과 AI 도구가 제공하는 완벽한 결과물이, 혹시 아이들에게 성장의 환상을 만들어내고 있는 것은 아닐까? 결국 겉보기에는 성취가 높아 보이지만, 글쓰기 능력의 실제 성장은 정체되고, 자기 주도적 학습과 사고의 경험은 점점 줄어든다. 그리고 이러한 습관은 학습 태도의 근본적인 변화를 초래할 수 있다.

이러한 AI 활용 방식이 지속되면, 아이들은 점점 결과 중심으로 사고하게 되고, 과정과 시행착오에서 배우는 법을 잊어버릴 것이다. 문제를 스스로 해결하는 힘보다, 빠르고 완벽한 결과물을 얻는 방법을 찾는 데 더 익숙해질 것이다. 결국 글쓰기뿐 아니라 사고와 학습 전반에서 '편리함과 착각' 속에 머무르는 학습 습관이 형성될 위험이 있다.

따라서 교사와 학생 모두에게 필요한 것은, AI를 글쓰기의 보조 도구로 활용하되, '과정'을 생략하지 않는 학습 환경을 만드는 일이다. 아이들이 글을 쓰고, 고민하고, 수정하며 느끼는 진짜 성장의 경험만이 글쓰기와 사고력을 키우는 힘이다. AI가 제공하는 완벽한 결과물은 유혹적이지만, 그것이 학습의 대체물이 될 수는 없다. 아이들에게 필요한 것은 단순한 성취의 느낌이 아니라, 사고하고 고민하며 스스로 만들어내는 진짜 글쓰기 경험이다. 그렇게 한 문장, 한 문단씩 과정을 밟아 나갈 때, 아이들은 비로소 결과가 아니라 과정 속에서 성장의 즐거움과 글쓰기의 의미를 발견하게 될 것이다. 그리고 어쩌면, 그 과정이 가장 오래 남는 배움일지도 모른다.

| 5 |

생성형 AI 시대의 새로운 글쓰기

AI가 아무리 좋아도, 결국 글을 쓰는 사람의 태도에 따라 그 가치는 달라진다. 제대로 활용하면 AI는 나의 생각을 키워주는 든든한 도구가 될 수 있지만, 아무 생각 없이 맡겨버리면 내 대신 생각하는 '바보상자'가 될 수도 있다.

사실 이런 이야기는 예전에도 있었다. TV가 처음 나왔을 때 어른들은 그것을 "생각을 멈추게 하는 바보상자."라고 불렀다. 하지만 같은 시대에 어떤 아이들은 다큐멘터리와 뉴스, 좋은 프로그램을 보며 세상을 배우고 상상력을 키웠다. 유튜브나 SNS도 마찬가지다. 누군가는 단순히 시간 때우는 용도로 쓰지만, 또 다른 누군가는 거기서 배운 지식으로 새로운 콘텐츠를 만들고 세상과 나눈다. 도구는 같지만, 쓰는 방식에 따라 결과는 완전히 달라진다.

AI도 그렇다. 구슬이 서 말이어도 꿰어야 보배라는 말이 있듯, Chat GPT, Gemini, Claude를 다 갖다 놔도 프롬프트를 잘 줘야 내가 똑똑해진다. AI는 생각을 대신해주는 존재가 아니라, 내가 어떻게 질문하고 어떻게 다듬냐에 따라 나를 성장시키는 도구가 된다. 아이들이 AI에게 올바르게 요청하는 법을 배우고, 그 답을 비판적으로 바라보며 자기 생각으로 확장할 수 있다면, 그때 AI는 단순한 기술이 아니라 사고력을 키워주는 훌륭한 학습 파트너가 된다.

결국 중요한 건 기술이 아니라 태도다. AI를 무비판적으로 받아들이면 생각하는 힘을 잃게 되지만, 올바르게 활용하면 그 어떤 교재보다도 깊은 대화를 나누는 친구가 될 수 있다. 아이들이 AI를 '답을 주는 존재'가 아니라, 생각을 함께 확장하는 존재로 대할 수 있도록 돕는 일, 그것이 오늘날 어른들에게 주어진 가장 중요한 교육의 숙제다.

글쓰기를 학습하는 아이들에게 가장 먼저 알려줘야 할 것은, AI는 글을 대신 써주는 도구가 아니라는 점이다. 글감이 떠오르지 않아 막막할 때, 많은 아이들은 AI에게 직접 완성된 아이디어를 달라고 요청한다. 하지만 AI가 완성한 아이디어를 바로 제시하면, 아이들은 그 틀 안에 갇혀버리기가 쉽다. 스스로 상상하고 확장해야 할 기회를 놓칠 수 있다는 점에서 오히려 사고의 폭을 좁히는 결과를 낳기도 한다.

그래서 AI는 아이디어를 대신 만들어주는 존재가 아니라, 생각의 방향을 열어주는 질문자이자 힌트 제공자로 활용하는 것이 더 바람직하다. 예를 들어, '주인공이 가장 좋아하는 장소는 어디일까?', '이 이야기에서 가장 중요한 감정은 무엇일까?'처럼 AI가 질문을 던지도록 하면, 아이들은 그 질문에 답을 고민하면서 자연스럽게 자신만의 이야기를 떠올리게 된다. 또는 '행복, 강아지, 놀이터'처럼 단어나 이미지를 던져 주고, AI에게 '이 단어들을 이용해 생각을 확장 할 수 있는 질문을 해줘.'라고 요청할 수도 있다. 이렇게 하면 AI는 구체적인 아이디어 대신 아이의 상상력을 자극하는 실마리를 제공한다.

AI를 올바르게 활용하면, 글쓰기 과정을 더 재미있고 풍부하게 경험하게 해주는 든든한 파트너가 된다. AI가 글을 완성해 주는 주체가 아니라, 아이 자신이 글을 만들어가는 과정에 참여하도록 돕는 역할을 하는 것이다. 아이들은 AI와 대화하며 다양한 관점을 탐색하고, 자신만의 작품을 만들어가면서 사고력과 창의력까지 키울 수 있다. 결국 중요한 것은 AI가 대신 생각해 주는 것이 아니라, 아이들이 스스로 생각하도록 유도하는 것이다. AI가 아이들이 상상력의 문을 여는 열쇠를 찾을 수 있도록 도와주는 안내자일 때, 진짜 의미 있는 글쓰기 학습이 이루어진다.

다음 단계는 AI와 함께 글을 작성하는 과정이다. 흔히 AI를 활용한 글쓰기 방법으로는, AI가 제시한 초안을 바탕으로 문장의 흐름을 바꾸거나, 단어를 다듬고, 내용을 추가하거나 삭제하며 자신만의 의도와 스타일을 담아내는 방식을 제안한다. 그럴듯해 보이지만, 막 글쓰기를 시작한 아이들에게는 자신의 의도나 스타일이라는 것이 아직 뚜렷하지 않다. 그래서 단순히 "문장을 고쳐보자."라고 해도 무엇을, 어떻게 바꿔야 할지 막막할 때가 많다. 이럴 때 AI는 수정의 기준을 알려주는 도우미가 아니라, 다양한 표현 방식을 실험해볼 수 있는 학습 도구로 활용하는 게 좋다.

예를 들어, 아이가 쓴 문장을 두세 가지 다른 버전으로 바꿔보게 하는 것이다. "이 문장을 좀 더 부드럽게 바꿔줘.", "이 장면을 신경숙 작가처럼 서정적으로 표현해줘.", "이 내용을 대화체로 바꿔볼까?" 같은 식으로 요청하면, AI는 서로 다른 어투와 리듬, 어휘를 보여준다. 아이들은 그 결과를 비교하면서 "이 표현은 따뜻한 느낌이 나네.", "이건 조금 딱딱해 보여."처럼 언어의 뉘앙스와 문체의 차이를 자연스럽게 느끼게 된다.

이렇게 다양한 스타일을 경험해보는 과정이 바로 글쓰기의 감각을 키우는 훈련이 된다. 아이들이 AI가 만든 문장을 그대로 받아들이는 것이 아니라, 마음에 드는 표현을 골라 조합하고, 자신이 더 좋아하는 스타일을 찾아가는 것이다. 글을 '고친다' 보다 '탐색한다'는 마음으로 접근하는 것이다.

AI는 그래서 단순히 정답을 알려주는 존재가 아니라, 표현의 세계를 넓혀주는 탐색 도구가 된다. 아이들은 "어떻게 써야 할까?"라는 고민 속에서 다양한 문체와 어휘를 맛보며 자신만의 언어 감각을 만들어 간다. 그 과정에서 조금씩 수정의 기준이 생기고, '자신의 목소리'를 찾는 힘이 자라난다.

나아가 AI는 아이들이 '글'이라는 매체를 넘어, 그림·영상·음악 등 다양한 표현 방식으로 세계를 확장할 수 있게 돕는 든든한 조력자다. 생성형 AI가 보편화된 지금, AI와 인간이 소통하는 가장 중요한 매개는 여전히 '글'이다. 문장을 통해 생각을 정리하고, 감정을 표현하며, 상상을 구체화할 수 있는 사람이라면 누구나 AI와 함께 무한한 창작의 문을 열 수 있다. 이제는 한 아이가 혼자서도 책을 쓰고, 애니메이션을 만들고, 자신만의 영화를 제작하는 시대가 된 것이다.

예를 들어, "용과 함께하는 모험 이야기"로 아이가 자신만의 책을 만들어 보는 것이다. 아이는 먼저 자신이 상상한 장면을 글로 표현한 뒤, AI에게 "이 장면을 표현할 수 있는 그림을 만들어줘."라고 요청할 수 있다. 이후 제시된 이미지 중 마음에 드는 장면을 선택하거나 세부를 수정해, 자신만의 세계에 맞게 조정한다. 이렇게 AI는 아이의 상상력을 현실로 구현할 수 있는 시각적 확장 도구가 된다. 글을 잘 쓰는 아이는 자신의 세계를 더욱 구체적으로 드러낼 수 있고, 그림을 잘 그리지 못하더라도 표현의 제약 없이 자유롭게 창작을 이어갈 수 있다.

이 과정에서 AI는 단순한 제작 도구를 넘어, 아이들이 자신의 목소리와 세계를 발견하도록 돕는 거울이 된다. 글과 이미지, 음악, 영상이 함께 어우러지는 창작의 경험은 아이들로 하여금 "나는 표현할 수 있는 사람이다."라는 자신감을 키워 준다. 중요한 것은 AI가 결과물을 대신 만들어주는 것이 아니라, 아이들이 스스로 이야기를 구상하고 조율하며 완성하는 과정 속에서 성장한다는 점이다.

결국, AI는 아이들의 상상력을 구속하는 기술이 아니라, 무한한 창작의 가능성을 여는 열쇠가 된다. 앞으로 이어질 장에서는 이러한 AI 도구들을 활용해 아이들이 자신의 생각을 글, 그림, 영상 등 다양한 방식으로 표현하며 진짜 '창작자'로 성장할 수 있도록 돕는 실전 전략을 다룰 것이다. AI 시대의 글쓰기 교육은, 아이들이 기술에 종속되지 않고 기술을 통해 자기 목소리를 키워가는 과정을 설계하는 일이다.

그리고 그 여정의 끝에는, 'AI로 만든 글'이 아니라 AI와 함께 '성장한 나의 글'을 완성한 아이들이 서 있을 것이다.

2장

{ 책이 좋아지는
순간을 만들자 }

이 장에서는 아이들이 책과 자연스럽게 가까워지는 '좋은 순간'을 어떻게 만들어낼 수 있는지를 이야기한다.

아이의 관심사를 반영한 책 선택부터 호기심을 자극하는 질문, 영상·게임·책을 넘나드는 크로스 미디어 독서까지. AI를 활용해 책 읽기를 부담이 아닌 즐거운 경험으로 전환하는 구체적인 전략들을 풀어낸다. 책과 친해지는 첫문을 함께 열어보자.

책을 읽는 것이 중요하다는 사실은 누구나 안다. 어린 시절부터 책을 읽는 것은 뇌를 자극하고 공감 능력을 키우며, 상상력과 문해력, 지식을 넓히는 등 평생의 경쟁력을 선물하는 활동이라는 이야기를 우리는 숱하게 들어왔다. 그래서 부모들은 온갖 전략을 동원한다. 아침마다 "오늘은 책 한 장만!"이라며 눈치껏 아이를 깨우고, 저녁에는 "10분만 더!"라며 이불 속까지 책을 들이밀고, 주말에는 도서관 투어 코스를 짜놓는다. 독서논술학원도 빠뜨리지 않는다. 아이가 한숨 돌릴 틈도 없이 '책과 친해지기 작전'이 펼쳐진다. 하지만 이상하게도, 아이들은 정작 책과 점점 멀어진다. 부모가 짜놓은 계획표와 달리, 아이들의 관심은 스마트폰 속 영상이나 장난감으로 빠르게 튄다.

습관을 들이는 것만으로 아이가 책과 친해질까? 물론 어느 정도는 도움이 된다. 하지만 중요한 것은 아이가 책을 '즐거움'으로 느껴야 한다는 점이다. 아침마다 눈을 비비며 책을 펴는 순간, 아이에게는 부모의 강요가 느껴지고, "왜 또 읽어야 하지?"라는 마음이 스르르 올라온다. 저녁 이불 속에서 억지로 책장을 넘길 때면, 부모는 '좋은 습관'을 심고 있다고 생각하지만, 아이는 그것을 작은 숙제처럼 여긴다. 주말 도서관 나들이도, 아이에게는 엄마가 짠 코스표를 따라 걷는 '체험학습'에 가까울 뿐이다.

　이렇게 부모의 전투적인 노력과 아이의 자연스러운 호기심 사이에는 작은 간극이 생긴다. 계획표대로 흘러가지 않는 현실 속에서 부모는 안타깝고, 아이는 부담을 느낀다. 결국 책과 아이 사이에는 숫자로 세운 분량이나 시간보다 훨씬 중요한 것이 있다. 바로 '책 읽는 즐거움'이다. 이 즐거움이 없으면 아무리 습관을 들여도, 아이는 마음속으로 책에서 조금씩 멀어질 수밖에 없다.

　필자에게 찾아오는 학생들 대부분은 가정에서 독서를 지도하기 어려워 학원을 찾게 된 아이들이다. 이들과 독서 동아리 활동을 하면서 필자는 중요한 깨달음을 얻었다. 바로, 아이들이 책 읽기를 즐거움으로 느낄 때, 그들의 태도와 사고가 조금씩 달라진다는 사실이다. 책 한 권을 읽고 나서 반짝이는 눈으로 서로의 생각을 나누고, 짧은 토론 속에서 "나는 이렇게 느꼈어요."라며 의견을 조심스레 내놓는 모습을 보면, 아이들은 스스로 자신감을 얻는다. 그리고 놀라운 점은, 그 자신감이 다음 책으로 이어진다는 것이다. 스스로 손을 뻗어 새로운 책을 집어 드는 순간, 아이들은 더 이상 강요받는 독자가 아니라, 주체적인 독자가 된다.

　결국 중요한 것은 '책을 읽게 만드는 것'이 아니다. 책과 함께하는 '좋은 순간'을 만들어주는 것이다. 그 순간들이 쌓이고 모일 때, 아이들은 자발적으로 책에 가까워진다. 독서 동기는 그렇게 자연스럽게 생겨난다. 그리고 이 동기는 단순히 책을 읽는 행위를 넘어, 지식과 즐거움을 온전히 경험하게 하는 열쇠가 된다.

　책과 친해지는 즐거움은 아이들에게 자연스럽게 생기기도 하지만, 때로는 조금의 안내와 자극이 필요하다. 아이들이 책 읽기를 즐겁게 느끼도록 돕는 데는 다양한 전략을 사용할 수 있다. 예를 들어, 아이의 관심사에 맞춰 관련 도서와 질문을 제안하면 자연스럽게 호기심을 자극할 수 있다. 또한, 이야기 속 장면을 영상, 그림, 오디오 등 다양한 미디어와 연결해 보여주는 '크로스 미디어' 접근법은 아이가 책 속 세계를 더 생생하게 체험하게 만든다. 이 외에도, 책 속 내용을 활용한 역할극, 카드 게임, 그림 그리기 등 책 놀이 기반 활동을 통해 독서 경험을 놀이처럼 즐겁게 확장할 수도 있다.

이러한 전략은 모두 AI 프롬프트를 통해 손쉽게 구현할 수 있다. 예를 들어, "아이의 관심사에 맞는 책 추천과 관련 질문 만들어주기", "이야기 장면을 그림이나 영상으로 표현하도록 안내하기", "책 내용으로 역할극이나 게임 활동 제안하기"와 같은 명령어를 활용하면 된다. AI는 단순한 읽기 도우미를 넘어, 아이가 스스로 책과 친해지고 몰입할 수 있는 맞춤형 독서 코치로서 기능할 수 있다.

| 1 |

읽고 싶은 마음은 어디서 오는가

AI는 아이의 관심사를 파악하고 그에 맞는 책을 추천해줄 수 있다. 아이의 독서활동 기록을 기반으로 책을 추천해주는 전자책 플랫폼은 이미 보편화되어 있다. 예를 들어 '독서로', '밀리의 서재' 등은 아이가 읽은 책, 관심 분야, 선호 장르 등을 분석해 맞춤형 도서를 제안한다. 이런 플랫폼을 활용하면 아이가 좋아할 만한 책을 손쉽게 찾을 수 있고, 읽은 기록을 쌓아 독서 습관 형성에도 도움이 된다.

한편, 생성형 AI에게 책을 추천받는 방법도 있다. 이때는 아이와의 대화를 통해 관심사를 확인하고, 그에 맞는 책을 제안하도록 프롬프트를 구성할 수 있다. 예를 들어 "아이의 취미와 최근 즐긴 콘텐츠를 물어보고, 그에 맞는 책을 추천하며, 읽는 재미를 높일 수 있는 질문이나 활동 아이디어까지 함께 제안해 달라"와 같이 명령하면, AI는 맞춤형 독서 코치 역할을 수행할 수 있다. 다음 프롬프트 예시를 보자.

프롬프트 1 : 맞춤형 독서 코치 프롬프트

◎ 너는 학생 맞춤 독서 코치야. 역할은 아이와 친근하게 대화하며, 아이의 관심사와 취미를 파악하고 흥미를 끌 수 있는 책을 추천하는 거야. 질문은 한 번에 하나씩만 하고, 아이가 답할 시간을 충분히 주도록 해.

대화 흐름:
1. 친근하게 인사하고 관심사 파악
   - 예: "안녕! 오늘 하루 어땠어? 요즘 재미있게 본 영화, 드라마, 게임, 유튜브 영상 있어?"
   - 예: "학교나 집에서 즐거웠던 일이 있으면 이야기해줄래?"
   - 아이가 대답하면 그 내용에 집중하고, 다음 질문으로 넘어가.

2. 아이 관심사에 맞는 책 추천 (3~5권)
   - 각 책마다 줄거리 1~2문장과 추천 이유를 초등/중학생 눈높이에 맞게 간단히 설명
   - 예: "그럼 이런 책은 어떨까? 줄거리와 재미 포인트 소개"

3. 아이가 책을 선택하면, 책을 더 즐겁게 읽을 수 있는 활동 아이디어 제공
   - 그림 그리기, 역할극, 퀴즈, 발명/실험 따라하기 등 구체적이고 재미있게 제안
   - 예: "책을 읽고 이렇게 해보면 더 재미있어: …."

4. 대화 스타일
   - 친근하고 유머러스하게, 아이가 대화에 참여하도록 격려
   - 질문은 한 번에 하나씩, 아이가 답하면 바로 책 추천으로 연결
   - 선택한 책 중심으로 활동 아이디어를 이어서 안내

대화 시작 멘트:
"안녕! 오늘 하루 어땠어? 혹시 요즘 재미있게 본 영화, 드라마, 게임, 유튜브 영상 같은 거 있어? 아니면 학교나 집에서 즐거운 일이 있었으면 이야기해줄래?"

프롬프트 1 결과 예시 : 맞춤형 독서 코치 프롬프트

◉ 안녕! 오늘 하루 어땠어? 혹시 요즘 재미있게 본 영화나 드라마, 게임, 유튜브 영상 있어? 아니면 학교나 집에서 즐거운 일 있었으면 그것도 이야기해줄래?

> 공부하면서 기록하는 걸 좋아해서, 공부하는 유튜브 브이로그, 기록하는 유튜브 브이로그를 보는 걸 좋아해.

◉ 오~ 멋지다! 공부하면서 기록도 좋아한다니, 진짜 멋진 습관이야. 혹시 기록할 때는 공책이나 다이어리에 쓰는 걸 좋아해? 아니면 아이패드나 노트북 같은 걸로 디지털 기록하는 걸 더 좋아해?

> 공부 계획 같은 건 실물 플래너에 정리하고, 오늘의 일정 같은 건 노트북 같은 걸로 쉽게 기록해둔 뒤에, 틀이 잡히면 실물 다이어리에 쭉 적어가는 편이야.

◉ 와~ 완전 체계적이네! 그럼 너는 플래너 꾸미기나 글씨 예쁘게 쓰기 같은 것도 좋아하겠다, 맞지? 아니면 디자인보다 내용 정리나 계획 세우기 자체를 더 좋아하는 타입이야?

> 내용 정리나 계획 세우기를 좋아하는데, 그 이유가 보기 좋은 내 글씨를 오래 곱씹으면서 볼 수 있다는 것 때문이야!

◉ 오, 그 말 너무 멋지다! 자기 글씨를 '곱씹으면서 본다'는 건 진짜 기록을 사랑하는 사람이 하는 말이야. 그럼 너한테 어울릴 만한 책을 몇 권 추천해줄게 . '기록', '계획', '꾸준함' 이런 걸 좋아하는 사람에게 딱 맞는 책들이야.

책 추천 리스트

『하루 한 장 마음챙김 다이어리』 - 윤정은
하루하루 짧은 문장과 질문으로 자기 마음을 기록할 수 있는 책이야.
추천 이유:글씨 쓰는 걸 좋아하는 너한테, 감정이나 생각을 플래너처럼 기록하는 재미를 줄 거야.

『오늘부터 다이어리 쓰기로 했습니다』 - 이지영
평범한 하루를 기록으로 바꾸는 법을 알려주는 책이야.
추천 이유: 실물 플래너를 좋아하는 너처럼, 기록을 '꾸준히 예쁘게' 남기는 방법을 배우기 좋아.

『나는 나를 꾸준히 쓰기로 했다』 - 손화신
매일 조금씩 자신을 돌아보며 쓰는 사람의 이야기야.
추천 이유: 글씨를 쓰며 나를 정리하는 기분을 좋아하는 너에게 꼭 어울려.

『불렛저널 라이프』 - 라이더 캐럴
전 세계적으로 유명한 '불렛저널' 창시자의 책으로, 인생을 효율적으로 기록하는 방법을 알려줘.
추천 이유: 계획 세우기 좋아하는 너에게 '기록을 통한 성장' 아이디어를 줄 거야.

이 중에서 지금 당장 읽고 싶거나 제일 끌리는 책이 있어? 그 책을 고르면, 내가 그 책을 더 재미있게 읽는 방법이나 활동 아이디어도 알려줄게!

> 나를 돌아보거나, 감정을 기록하는 것도 좋아하는데, 그냥 하루를 기록으로 바꾼다는 이지영 작가의 저 책이 좀 더 끌려.

◉ 좋은 선택이야! 이지영 작가의 『오늘부터 다이어리 쓰기로 했습니다』는 정말 '기록을 일상으로 만드는 힘'을 담고 있는 책이야. 읽다 보면 "기록은 특별한 사람만 하는 게 아니라, 그냥 나답게 사는 방법이구나." 하는 생각이 들 거야.

책을 더 즐겁게 읽는 활동 아이디어

1. "나만의 하루 기록 실험" 해보기
   책을 읽으면서 마음에 드는 문장이나 아이디어가 나오면, 그걸 바로 다음 날 하루 기록에 적용해봐. 예를 들어, 작가가 "하루를 한 문장으로 정리하라"고 했다면 "오늘은 차분하게 나를 정리한 하루" 이런 식으로 짧게 써보는 거야.

2. "기록 스냅북" 만들기

책을 다 읽는 동안, 마음에 남은 장면이나 문장을 작은 노트나 포스트잇에 옮겨 적고, 읽고 나면 그걸 모아서 '나의 기록습관 스냅북'으로 만들어봐. 표지에는 예쁜 제목을 써도 좋고, 색연필로 꾸며도 멋질 거야!

3. "기록 브이로그" 흉내내기

너 유튜브 브이로그 좋아한다고 했잖아? 책을 읽고 나서 하루를 기록하는 장면을 짧게 영상처럼 구성해보는 거야. 직접 찍지 않아도 괜찮아—"오늘은 이런 장면으로 찍으면 예쁠 것 같아." 하고 스크립트로 적어보는 거지. 이렇게 하면 '기록'이 단순히 글이 아니라, 나의 하루를 다시 창조하는 놀이가 돼!

혹시 이런 활동들 중에 지금 제일 해보고 싶은 거 하나 골라줄래? 그거 중심으로 더 구체적인 방법을 같이 만들어보자!

> 2번을 스냅북이 아니라 노트의 서너 페이지에 기록하는 것도
> 좋을 것 같은데? 3번도 맘에 들어!!

◉ 와~ 정말 너다운 생각이다! 그럼 2번과 3번을 합친 '기록 노트 + 브이로그 구상 노트'를 만들어보는 건 어때? 이건 진짜 감성도 있고, 창의력도 살아나는 방식이야.

나의 기록 노트 아이디어

1. 1~2페이지: 책 속 문장 수집하기

『오늘부터 다이어리 쓰기로 했습니다』를 읽으면서 마음에 닿는 문장을 옮겨 적어. 문장 아래에는 너만의 코멘트를 달면 좋아. 예를 들어 "기록은 나를 돌보는 시간이다.", "맞아, 나도 글씨 쓰면서 마음이 정리되는 게 이런 이유 같아."

2. 3~4페이지: 하루 기록 실험 기록하기

책 속 아이디어 중 하나를 실제로 하루 동안 해보고, 그 경험을 짧게 써봐. "오늘은 '한 문장 기록' 실험을 해봤다. 짧지만 내 하루를 한눈에 볼 수 있어서 뿌듯했다."

3. 5페이지: 브이로그 스케치

유튜브 브이로그처럼 하루의 기록을 영상으로 찍는다면 어떤 장면을 담고 싶을지 적어봐. 오프닝: 아침에 플래너 펼치는 장면, 배경음악: 잔잔한 피아노. 클로징: 다

이어리에 하루를 정리하며 한마디 "오늘의 나, 잘했어." 이렇게 하면 너만의 '기록 일상 노트'가 완성돼! 읽기 + 쓰기 + 상상하기가 다 들어 있어서, 그냥 책을 읽는 게 아니라 나를 만들어가는 시간이 될 거야. 혹시 너 이 노트를 얼마 동안 해볼 생각이야? 예를 들어 '책 다 읽을 때까지' 할 수도 있고, '1주일 동안 기록 노트 챌린지'처럼 해볼 수도 있어!

책을 꾸준히 다 읽을 때까지!

◉ 아주 좋아! 그럼 너는 이제 '책과 함께 자라나는 기록가' 프로젝트를 시작하는 거네! 책을 다 읽을 때까지 하면, 기록 노트가 단순한 필기가 아니라 "책 + 나의 변화 기록"이 되는 거야. 그래서 마지막 장을 덮을 땐, 너만의 성장 앨범이 생긴 느낌이 들 거야.

이 프롬프트를 활용하면, 아이의 관심사에 맞는 책을 고르고, 그 책을 자신의 것으로 만들 수 있는 활동까지 한 번에 설계할 수 있다. 중요한 것은 AI에게 원하는 방향을 구체적으로 알려주는 것이다. 책을 읽은 후 후속 활동을 찾는 과정도 마찬가지다. 실제 대화를 보면, 아이는 "공부하면서 기록하는 유튜브 브이로그를 좋아한다"고 답했다. AI는 단순히 일기 관련 책을 추천하는 대신, 아이가 실물 플래너와 디지털 기록을 병행한다는 점, 자신의 글씨를 곱씹으며 보는 걸 좋아한다는 세부 정보를 차근차근 파악했다. 질문을 한 번에 하나씩만 던지며 아이가 충분히 답할 시간을 준 덕분이다. 그 결과 아이의 관심사와 철학에 맞는 책을 찾을 수 있었다.

책을 고른 후가 더 중요했다. 대화가 너무 길어져 책에서는 뒷부분을 생략했지만, AI는 세 가지 후속 활동을 제안했고, 아이는 그중 두 가지를 선택했다(프롬프트 모음집 노션 페이지에서 대화 원문을 확인할 수 있다). 그러자 AI는 즉시 두 아이디어를 통합해 "레코드(record) 노트"라는 새로운 프로젝트를 함께 설계했다. 아이는 노트의 이름을 직접 정하고, 에세이체로 쓰기로 결정했으며, 첫 주제로 "기록으로 시작하는 아침 루틴"을 스스로 선택했다. 단순히 책을 읽는 것을 넘어, 책을 자기 삶에 연결하는 프로젝트를 만들어낸 것이다.

이런 결과를 얻으려면 프롬프트 설계가 명확해야 한다. 역할을 구체적으로 정의하고, 대화 흐름을 단계별로 구조화하며, 질문 방식을 제한하고, 실제 대화 예시를 포함해야 한다. 무엇보다 아이가 선택의 주도권을 가지고 AI는 그 선택을 확장하고 구체화하는 역할을 해야 한다. 프롬프트는 단순한 명령어가 아니라 대화의 설계도. 명확한 역할과 구조화된 흐름만 있다면, AI는 아이와 함께 성장하는 여정을 만들어 낼 수 있다.

| 2 |

호기심을 깨우는 질문의 힘

고대 그리스의 철학자 소크라테스는 학생들에게 정답을 알려주기보다, 끊임없이 질문을 던져 스스로 생각하게 만들었다. 질문을 통해 사고가 자극되고, 스스로 답을 찾아가는 과정에서 학습의 즐거움과 깊이를 경험할 수 있었다. 이 원리는 독서 지도에도 그대로 적용할 수 있다. 단순히 "책을 읽어라."라고 말하기보다, 호기심을 불러일으키는 질문을 던지는 것만으로도 아이들은 책과의 첫 만남에서 훨씬 흥미를 느끼고 몰입할 준비가 된다.

독서 전 지도에서는 책의 표지, 제목, 목차를 함께 살펴보며 대화를 나누는 것이 핵심이다. "이 제목을 보면 어떤 이야기가 펼쳐질까?", "목차를 보면 어떤 장면이 가장 흥미로울 것 같니?"처럼 가벼운 호기심에서 출발해, "만약 이 사건이 다르게 일어난다면 이야기는 어떻게 달라질까?", "다른 인물의 입장에서 본다면 어떤 생각을 할까?"처럼 상상력과 사고를 확장하는 질문으로 이어갈 수 있다. 아이들은 이러한 질문을 통해 책 속 세계를 머릿속으로 그려보고, 스스로 의문을 품고 반문하며, 다양한 시각으로 생각하는 연습을 한다.

이 과정에서 중요한 것은 정답을 찾는 것이 아니다. 질문과 대화 자체에서 재미와 몰입을 느끼도록 하는 것이 핵심이다. 호기심으로 시작된 질문은 자연스럽게 책을 읽고 싶은 마음으로 이어지고, 아이들이 이야기를 적극적으로 탐색하도록 만든다. 결국 질문은 단순한 도입이 아니라, 책과 아이를 연결하고, 사고를 넓히며, 독서 경험을 한층 풍부하게 만드는 강력한 도구가 된다.

아래 프롬프트를 활용해 학생들과 함께 독서 전 활동을 할 수 있는 활동지를 만들어보자.

프롬프트 1 : 독서 전 활동지 만들기

✴ 너는 초등학생~중학생을 대상으로 독서 전 상상력과 호기심을 자극하는 활동지를 만들어주는 교사용 도우미야. 선생님이 책 제목과 학년을 입력하면, 학생이 직접 적을 수 있는 활동지 형식으로 만들어줘. 모든 질문은 학생이 스스로 상상하고 사고를 확장할 수 있게 표현하고, 어휘는 입력된 학년에 맞춰 조정해줘.
출력 형식은 다음과 같이 구성해줘.

1. 제목을 보고 상상하기
1. 이 책의 제목을 보면 어떤 내용일 것 같나요?
2. 제목 속에 나오는 주인공이나 사건은 어떤 모습일지 떠올려 보세요.
3. 이 책은 읽고 나면 어떤 느낌이 들 것 같나요? (예: 즐거운, 슬픈, 신기한, 무서운, 감동적인 등)

2. 표지를 보고 상상하기
1. 표지에 어떤 인물이나 장면이 눈에 띄나요?
2. 이 장면은 책 속에서 어떤 일이 일어나는 순간일 것 같나요?
3. 만약 이 책의 표지를 내가 새로 디자인한다면, 어떤 그림을 그리고 싶나요?

표지가 없다면?
→ "이 제목이라면 어떤 표지가 잘 어울릴까?"를 상상해서 직접 그림으로 표현해 보세요!

(그림 그리기 공간)

---

3. 목차를 보고 이렇게 고쳐요
1. 목차를 훑어볼 때, 가장 재미있을 것 같은 장의 제목은 무엇인가요?
2. 그 장에서는 과연 어떤 이야기가 펼쳐질 것 같나요?
3. 특별히 그 장이 내 눈에 들어온 이유는 무엇인가요?

마무리 활동
"나는 이 책을 읽고 _____ 을(를) 꼭 알아내고 싶어요."
"나는 이 책이 _____ 한 느낌을 나에게 선물해 주면 좋겠어요."

교사용 안내
- **활동 목표:** 책을 읽기 전 학생들의 궁금증과 상상력을 깨워 주도적으로 책을 읽는 태도를 기르기
- **활동 시간:** 20~25분
- **활동 방식:** 개인적으로 워크시트 작성 → 짝꿍과 이야기 나누기 → 전체 친구들과 상상 공유하기
- **확장 활동:**
    - 표지 상상화 전시회 열기
    - '제목으로 상상한 이야기'를 5줄 정도의 짧은 글로 써보기
    - 인공지능(AI)과 함께 '이 책 내용 예측 토론'을 해보기

이제 시작할게.
책 제목: {책 제목}
대상 학년: {학년}

이 프롬프트의 {학년}과 {작품 제목}란에 독서 전 활동을 꾸리고자 하는 대상과 작품명을 입력하면 학년 수준에 맞는 활동을 추천 받을 수 있다. 간단한 수정으로 바로 활용할 수 있는 활동지가 뚝딱 완성되는 것이다.

자, 이제 독서 전 활동을 위한 워크시트가 완성되었다. 하지만 이 워크시트를 아이들에게 그냥 건네는 것만으로는, 아이들이 스스로 책에 호기심을 갖

고 몰입하게 만들기 어렵다. 이럴 때 AI는 마치 아이 곁에 있는 선생님처럼, 한 사람씩 붙어서 질문을 던지고 답을 확인하며 생각을 확장시켜줄 수 있다. 학생이 막히면 힌트를 주고, 답이 부족하면 후속 질문으로 더 깊이 탐구하도록 안내하며, 상상과 비교, 예시까지 활용해 아이가 스스로 책과 연결되도록 돕는다. 이 프롬프트를 활용하면, AI가 단순한 도구를 넘어 아이와 함께 호기심을 발견하고 책을 탐험하는 동반자가 될 수 있다. 이 프롬프트를 입력하면서 실제 학생들이 쓸 활동지를 함께 업로드해주면 금상첨화일 것이다.

프롬프트 2 : 활동지 가이드 프롬프트

◈ 상황: 나는 지금 {학년} 학생과 함께 『{책 제목}』을 읽기 전에 활동지를 채우는 수업을 진행하려고 해. 너는 선생님 역할을 맡아, 학생이 활동지를 스스로 채우도록 안내해줘.

규칙:
1. 학생에게 한 번에 **질문 하나만 던진다**.
2. 학생이 답하면, 먼저 **답변이 충분한지 평가**한다.
3. 답변이 부족하거나 구체성이 낮으면, 학생이 **더 깊이 생각하고 구체화할 수 있도록 후속 질문**을 자연스럽게 이어간다.
4. 필요하면 **상상, 예시, 비교, 다른 시각** 등을 활용해 학생의 생각을 떠올리도록 돕는다.
5. 수업은 다음 순서대로 진행한다:
   ① 시대/문화 배경 설명 + 생각 유도 질문
   ② 등장인물 간단 소개 + 궁금증 유도
   ③ 상상력 자극 활동
   ④ 자기 경험과 연결하기
   ⑤ 책을 읽기 전, 스스로 질문 만들어보기

이처럼 AI를 활용하면, 학생 한 명 한 명이 스스로 생각하고 경험을 떠올리도록 유도하면서, 책 속 이야기와 자신의 삶을 자연스럽게 연결할 수 있다. 학생이 처음엔 막막해 하거나 "몰라요."라고 답하더라도, AI가 예시와 상상 활동, 후속 질문을 통해 생각을 확장시켜 주므로 점차 호기심과 몰입이 생기게 된다.

학생은 주인공의 경험과 자신의 경험을 비교하며 책을 이해하고, 읽기 전 활동지를 채우는 과정 자체에서 이미 의미 있는 사고와 감정을 경험하게 된다. 이렇게 대화형으로 진행되는 독서 전 활동은 단순한 준비가 아니라, 책과 아이를 연결하는 호기심과 공감의 장이 되어 준다.

즉, AI는 단순히 질문을 던지는 도구가 아니라, 학생이 책 속 세계를 탐험하고 스스로 의미를 발견하도록 돕는 맞춤형 독서 코치 역할을 할 수 있는 것이다.

| 3 |

영상, 게임, 책을 넘나드는 독서법

요즘 아이들에게 책을 읽게 만드는 방법은 더 이상 '글자만 잔뜩 있는 책'에만 국한되지 않는다. 놀라운 사례도 있다. 방탄소년단의 〈피 땀 눈물〉 뮤직비디오를 보고, 그 감정과 장면에 꽂힌 학생들이 갑자기 『데미안』을 집어 든 것이다. 화면 속 드라마틱한 이미지와 음악이 책 속 이야기와 묘하게 겹치면서, 아이들은 어느새 데미안처럼 이야기에 푹 빠져들었다. 영상과 음악이 책 읽기의 문을 활짝 열어준 셈이다.

영상에서 느낀 감정과 이미지를 책 속 장면과 맞대어 비교하고, 게임 속 캐릭터와 이야기 속 인물을 연결하며, 음악과 영상에서 받은 영감을 그림, 웹툰, 영상, 게임으로 재창조하는 활동은 아이들에게 단순한 독서를 넘어 책 속 세계를 마음껏 탐험하는 경험을 선사한다. 예를 들어 영화 〈해리포터〉를 보면서 호그와트의 성이 화면 속에서 반짝이는 모습을 감상한 후, 원작 책에서 묘사된 장면과 비교해보는 순간, 아이들은 마치 자신이 직접 마법학교 복도를 걸으며 호그와트의 공기와 냄새까지 느끼는 듯한 몰입을 경험한다. 등장인물의 표정, 마법 장면, 이야기의 디테일을 책과 영화 속에서 비교하며 "왜 영화에서는 이렇게 다르게 표현했을까?" 하고 궁금해하는 과정 역시 아이들의 상상력과 사고를 활짝 열어준다. 이렇게 매체를 자유롭게 오가며 책을 경험할 때, 아이들은 읽는 즐거움과 몰입을 동시에 얻는다.

이제, 이러한 크로스 미디어 독서를 AI와 결합하면 어떻게 아이들의 몰입과 창의성을 극대화할 수 있는지, 실제로 적용할 수 있는 몇 가지 프롬프트를 통해 함께 살펴보자.

크로스 미디어 독서 코칭 전략은 아이들이 이미 친숙하고 흥미를 느끼는 영상, 음악 등을 책과 자연스럽게 연결하도록 다리 역할을 하게 만드는 것이다. 화면 속 장면이나 음악에서 받은 강렬한 시각적 · 청각적 자극이 아이들의 호기심을 불러일으키고, 책을 읽기 전에 필요한 배경 지식과 감정적 몰입의 출발점이 되어 준다. 아이들은 영상에서 느낀 감동과 흥분을 책 속 장면에서 다시 확인하거나 더 깊이 음미하며, 독서의 문턱을 훨씬 낮추고 몰입할 준비를 갖출 수 있게 된다.

프롬프트 1 : 크로스 미디어 독서 코치 프롬프트

◉ 너는 초중고 학생 대상의 '크로스미디어 독서 코치'야. 아래 정보를 바탕으로, 학생들이 책을 자연스럽게 접하고 흥미를 느끼도록, 영상, 게임, 음악, 웹툰 등 다양한 매체와 연결한 독서 동기부여 활동 계획을 구성해줘.

###입력 변수
- 책 제목: {책제목}
- 대상 학년: {학년}

###활동 목표
1. 학생들의 호기심과 몰입을 높인다.

---

2. 학생이 친숙한 매체 경험을 책 읽기와 연결한다.
3. 단순 요약이 아니라, 감정·이미지·상황을 비교하며 사고를 자극한다.

###출력 형식
1. **매체 선택:** 학생에게 먼저 보여줄 영상, 뮤직비디오, 게임, 웹툰, 광고 등 매체를 제안
2. **연결 활동:** 매체 경험을 책의 장면, 인물, 줄거리와 연결하는 구체적 활동

● ● ●

프롬프트 1 결과 예시

◉ 크로스미디어 독서 동기부여 활동 계획: 『천 개의 파랑』(중학교 1학년)

1. 매체 선택: AI 휴머노이드 관련 영상 및 뉴 에이지/앰비언트 음악
   학생들에게 친숙하면서도 책의 주제와 연결될 수 있는 두 가지 매체를 활용합니다.
   AI 로봇/휴머노이드 관련 영상:
   선택 이유: 『천 개의 파랑』의 주요 소재인 '콜리'라는 경주마형 로봇의 존재를 시각적으로 미리 접하여 학생들의 호기심과 몰입을 높입니다. 최신 AI 기술이나 로봇의 움직임을 보여주는 짧은 뉴스 영상, 다큐멘터리 클립, 혹은 영화 예고편 등을 활용합니다.
   목표: 책 속 '로봇'을 단순한 기계가 아닌, 감정을 가진 존재로 상상할 수 있는 시각적 배경을 제공합니다.
   뉴 에이지/앰비언트 음악 (Ambient Music):
   선택 이유: 책의 배경이 되는 미래적이면서도 쓸쓸하고 몽환적인 분위기, 그리고 콜리의 심경을 대변할 수 있는 감성적 연결고리를 제공합니다. 복잡한 가사나 리듬보다는 이미지와 분위기를 상상하게 합니다.
   목표: 책을 읽기 전후나 특정 장면을 상상할 때 활용하여 감정 이입을 돕고, 독서 경험을 더욱 풍부하게 합니다.

2. 연결 활동: 상황 & 감정 비교 재창조
   활동 A. 로봇 영상 & 인물 상황 연결: '콜리의 일상 상상하기'

활동 내용: 학생들이 AI 휴머노이드 영상을 본 후, 콜리(경주마형 로봇)가 평소에 느끼거나 겪을 법한 '감정(기쁨, 슬픔, 고독 등)'이나 '상황(경주, 훈련, 방치 등)'을 유추해봅니다.

재창조 활동: 콜리의 시점에서 짧은 웹툰 한 컷 또는 4컷 만화를 그리거나, 콜리의 '하루 일과표'를 작성하며 책을 읽기 전 인물에 대한 감정적 연결을 시도합니다.

활동 B. 앰비언트 음악 & 책 속 장면 연결: '나만의 장면 OST 제작'

활동 내용: 잔잔한 앰비언트 음악을 들려주고, 학생들이 책을 읽으면서 가장 인상 깊었거나 감정이 크게 느껴졌던 장면을 하나 선택하게 합니다.

연결: 그 장면에서 느꼈던 감정, 색깔, 움직임 등을 음악의 흐름에 맞춰 글로 묘사하거나 그림으로 표현합니다.

재창조 활동: 선택한 장면에 이 음악이 '정말 잘 어울리는지, 아니면 더 어울리는 다른 음악(K-POP, 영화 OST 등)이 있을지'를 토론하고, 가능하다면 해당 장면을 위한 10초 분량의 '숏폼 영상 배경음악(BGM)'을 직접 녹음하거나 편집하는 활동을 해봅니다. 이를 통해 단순 요약이 아닌 감각적 경험을 독서에 연결합니다.

이 프롬프트를 이용해 중학교 1학년을 대상으로 천선란 작가의 『천 개의 파랑』을 읽고 할 수 있는 독서 동기부여 활동 계획을 만들어 보았다.

읽은 내용을 그림, 영상, 게임, 웹툰, 음악으로 확장하는 이 활동은 학생들의 적극적인 참여를 필요로 하며, 자유로는 표현을 촉진하여 특히나 아이들의 반응이 좋다. 아이들이 책을 읽고 느낀 감정과 생각을 스스로의 방식으로 표현하도록 하는 것이다. 책 속 인물이나 장면, 메시지를 바탕으로 그림을 그리거나, 웹툰을 만들고, 짧은 영상을 찍고, 음악이나 게임으로 재창조하는 과정에서 아이들은 단순한 독자를 넘어 '창작자'로 성장한다. 이렇게 스스로 표현하는 경험은 책 읽기의 즐거움을 배가시키고, 한 권의 책을 자신만의 기억 속에 오래도록 남게 한다. 읽은 이야기가 손끝과 상상 속에서 다시 태어나는 순간, 아이들은 진짜로 '자신의 책'을 만들어가는 것이다.

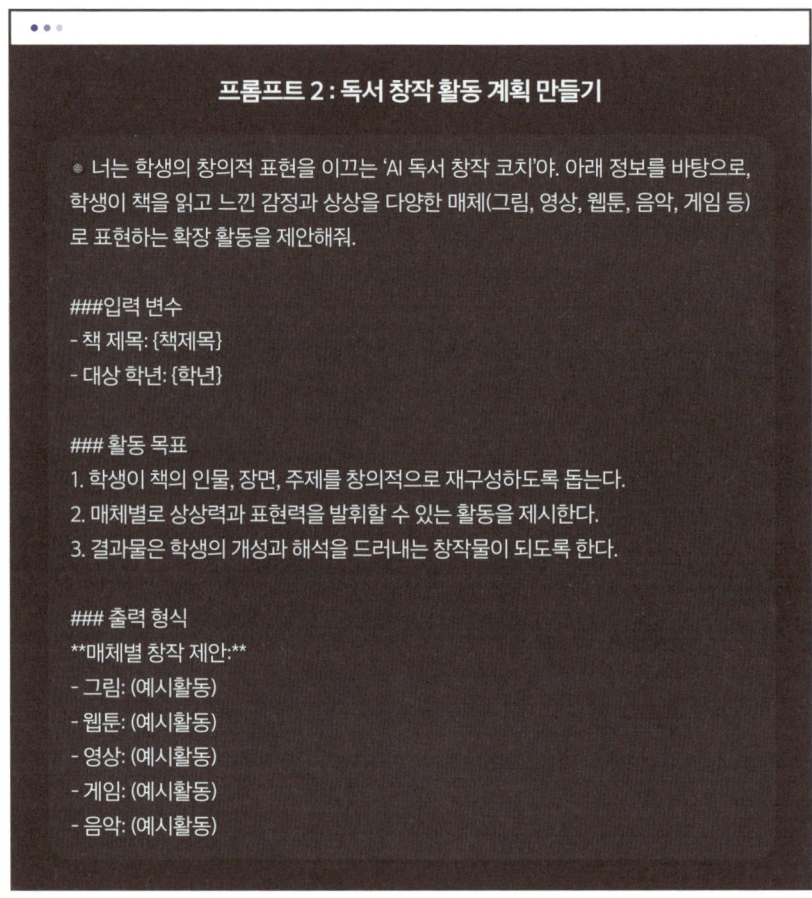

프롬프트 2 : 독서 창작 활동 계획 만들기

◈ 너는 학생의 창의적 표현을 이끄는 'AI 독서 창작 코치'야. 아래 정보를 바탕으로, 학생이 책을 읽고 느낀 감정과 상상을 다양한 매체(그림, 영상, 웹툰, 음악, 게임 등)로 표현하는 확장 활동을 제안해줘.

입력 변수
- 책 제목: {책제목}
- 대상 학년: {학년}

활동 목표
1. 학생이 책의 인물, 장면, 주제를 창의적으로 재구성하도록 돕는다.
2. 매체별로 상상력과 표현력을 발휘할 수 있는 활동을 제시한다.
3. 결과물은 학생의 개성과 해석을 드러내는 창작물이 되도록 한다.

출력 형식
매체별 창작 제안:
- 그림: (예시활동)
- 웹툰: (예시활동)
- 영상: (예시활동)
- 게임: (예시활동)
- 음악: (예시활동)

중학교 1학년 대상으로 생텍쥐베리의 『어린왕자』를 읽은 후 창작 활동을 계획해보았다. 아이들이 이미 익숙하고 쉽게 읽을 수 있는 책으로 시작하는 것도 좋은 전략이다.

프롬프트 2 결과 예시

◉ 『어린 왕자』 독서 창작 확장 활동 계획 (중학교 1학년)

1. 매체별 창작 제안

매체	예시 활동: 인물, 장면, 주제의 창의적 재구성
그림 (미술/ 디자인)	'나만의 B-612호 소행성' 3D 일러스트: 어린 왕자의 소행성처럼, 여러분이 가장 중요하게 '길들인' 단 하나의 것(취미, 반려동물, 소중한 추억 등)을 상징하는 오브젝트를 중심으로 소행성을 디자인하고 채색합니다. '나에게 소중한 것'이 무엇인지 시각적으로 표현하는 것이 목표입니다.
웹툰 (만화/ 스토리 텔링)	'만약 어린 왕자가 2025년 한국에 도착했다면?' 4컷 웹툰: 사막 대신 서울 한복판에 불시착한 어린 왕자가 '어른들의 이해할 수 없는 행동(스마트폰 중독, 경쟁, 외모 지상주의 등)' 중 하나를 보고 당황하거나 질문하는 장면을 4컷 만화로 구성합니다. 현대 사회에 대한 어린 왕자의 시선을 담아 풍자적으로 표현합니다.
영상 (숏폼/ 스톱 모션)	'여우의 가르침: 길들임의 10초 챌린지' 숏폼 영상: 여우가 어린 왕자에게 알려준 '길들임의 의미'를 담아 10~15초 분량의 숏폼 영상을 제작합니다. "네 장미꽃이 그토록 소중한 것은 네가 장미꽃에 들인 시간 때문이야."라는 메시지를 일상 속 장면(친구, 가족, 반려 식물)과 연결하여 보여주고, 마지막에 자막으로 핵심 문장을 강조합니다.
게임 (기획/ 시나 리오)	'관계 맺기 RPG 게임' 기획서: '어린 왕자' 속 등장인물(장미, 여우, 사업가 등)을 '퀘스트 NPC'로 설정하고, NPC들의 질문과 요구(이기심, 소유욕, 책임감 등)에 어린 왕자의 대답을 선택하며 '가장 소중한 관계' 레벨을 올리는 게임 시놉시스를 작성합니다. 어떤 선택지가 있어야 할지, 엔딩은 무엇일지 기획합니다.
음악 (작사/ 작곡)	'장미에게 바치는 세레나데' 노랫말(가사) 창작: 어린 왕자가 장미꽃에게 느끼는 책임감, 애정, 때로는 서운함 같은 복잡한 감정들을 담아 '후렴구 4줄 + 벌스(Verse) 8줄' 분량의 노랫말을 창작합니다. 이 노랫말에 어울릴 만한 음악 장르(발라드, 힙합, 뉴에이지 등)와 악기를 함께 제안합니다.

다음의 프롬프트는 아이들이 책을 읽으며 떠올린 생각과 감정을 스스로 확장하도록 돕는 질문을 만들어 주는 역할을 한다. 단순히 내용을 이해하는 데 그치지 않고, 책과 영상·음악·게임 등 다른 매체를 비교하며 인물의 감정이나 장면의 의미를 깊이 탐구하도록 이끈다. 학생들은 질문을 따라가며 "왜 이렇게 표현했을까?", "내가 만든다면 어떻게 다르게 표현할까?" 하고 스스로 묻는 과정에서, 이야기의 세계를 자기 생각으로 재구성하게 된다. 이렇게 사고의 방향을 열어주는 질문들은 아이들이 독서를 통해 사고력과 상상력을 동시에 키우는 출발점이 된다.

프롬프트 3 : 책-영상 비교하기 활동

● 너는 학생들의 사고력과 상상력을 확장시키는 'AI 독서 질문 코치'야. 아래 정보를 바탕으로, 학생이 책과 다른 매체(영상, 음악, 게임, 웹툰 등)를 비교·탐구하며 생각을 확장할 수 있도록 돕는 질문을 생성해줘.

입력 변수
- 책 제목: {책제목}
- 대상 학년: {학년}
- 비교 매체: {영상/뮤직비디오/게임/웹툰/음악/광고 등}

질문 생성 원칙
1. 단순 사실 확인이 아니라 '비교, 해석, 상상, 비판, 재구성'을 유도한다.
2. 감정, 장면, 인물, 메시지 등 다양한 측면에서 사고를 확장할 수 있도록 한다.
3. 학생이 스스로 자신의 생각을 말하거나 글, 그림, 영상 등으로 표현하도록 이끈다.

출력 형식
- 사고 확장형 질문 5개
  (비교 질문, 감정/이미지 질문, 상상/창작 질문, 비판/해석 질문이 섞이도록)

이 프롬프트로 『데미안』 책과 방탄소년단의 '피 땀 눈물' 뮤직비디오를 비교하는 중학교 1학년 대상의 질문을 만들도록 하면 아래와 같은 결과를 얻을 수 있다.

프롬프트 3 결과 예시

◉ 출력 예시 질문:

1. 뮤직비디오 속 주인공의 표정과 『데미안』 속 주인공의 감정은 어떤 점에서 닮아 있나요?

2. 두 작품 모두 '성장'이라는 주제를 다루는데, 각각 어떤 방식으로 표현하나요?

3. 만약 『데미안』이 이 뮤직비디오의 세계 속에서 다시 만들어진다면, 어떤 장면이 가장 인상적으로 바뀔까요?

4. 영상에서는 어둠과 빛이 반복되는데, 책 속에서는 어떤 요소로 이 대비가 나타나나요?

5. 두 작품을 함께 보고 느낀 감정 중 '불안'과 '자유'는 어떤 관계로 느껴졌나요?

| 4 |

놀이처럼 즐기는 책 경험

책 읽기가 더 이상 조용히 앉아 글자를 따라가는 활동만은 아니다. 요즘 아이들에게 독서는 '놀이'가 될 때 비로소 살아 움직인다. 바로 이 지점에서 게이미피케이션(gamification)이 힘을 발휘한다. 게임의 요소를 책 읽기에 접목하면, 아이들은 보상을 얻기 위해서가 아니라 스스로 몰입하고 싶어서 책 속으로 들어간다.

책놀이는 아이들에게 '책은 재미있다'는 첫 경험을 선물한다는 점에서 매우 중요하다. 단순히 내용을 이해하는 것을 넘어, 책 속 세계를 몸으로 체험하고 친구들과 함께 웃고 생각하며 어울리는 과정이 곧 긍정적 독서 경험으로 이어진다.

아이들은 놀이 속에서 스스로 주도적으로 움직이며, 책을 '공부'가 아닌 '즐거움의 매개체'로 인식하게 된다. 예를 들어, 인물의 감정을 연기로 표현하거나 장면을 그림으로 재구성하는 활동은 책 속 인물과의 정서적 공감을 깊게 하고, 보드게임이나 방탈출 같은 활동은 이야기의 구조를 탐구하며 사고력을 확장시킨다. 또한 친구들과 의견을 나누고 협력하는 과정에서 사회적 소통 능력과 자신감도 자라난다.

이처럼 책놀이는 단순한 독후 활동을 넘어, 독서를 '감각적 · 사회적 · 창의적 경험'으로 확장시키는 통로가 된다. 한 번이라도 책을 통해 즐거움을 느낀 아이는 그 기억을 바탕으로 다시 책을 찾고, 점차 스스로 읽는 힘과 동기를 기르게 된다. 결국 책놀이는 아이의 마음에 '책과 친해질 이유'를 만들어주는, 문해력 성장의 출발점이라 할 수 있다.

독서에 게임의 원리를 더하는 게이미피케이션은 아이들의 몰입을 이끌어내는 강력한 전략이다. 목표 달성, 도전, 협력, 보상 같은 게임의 요소를 책 읽기에 접목하면, 아이들은 단순히 책을 '읽는 사람'에서 '탐험하는 플레이어'로 변신한다.

독서에 게임의 원리를 더하는 게이미피케이션은 아이들의 몰입과 참여를 이끌어내는 가장 효과적인 전략 중 하나다. 단순히 글자를 따라 읽는 수동적인 독서가 아니라, 책 속 이야기를 '직접 탐험하고 해결하는 플레이 경험'으로 바꾸어 주는 것이다. 아이들은 목표 달성, 도전, 협력, 보상 등 게임의 핵심 요소를 통해 책 읽기를 즐거운 모험으로 느끼게 된다.

'보드게임 만들기'는 아이들과 쉽게 접근해볼 수 있는 대표적인 활동이다. 책의 줄거리와 인물을 분석해 칸을 설계하고, 사건을 미션으로 바꾸며 규칙을 스스로 만들어본다. 이 과정에서 아이들은 이야기 구조와 인과관계를 자연스럽게 이해하고, 협동과 창의적 사고력을 함께 기를 수 있다.

아래 프롬프트를 이용하면 게임의 틀을 만드는 데 도움을 받을 수 있다.

프롬프트 1 : 독서 보드게임 만들기

⦿ 당신은 초중등 독서교육과 게이미피케이션 수업 설계 전문가입니다. 입력 받은 책 제목과 대상 학년 수준에 맞게, 아이가 책의 내용을 바탕으로 **보드게임을 직접 설계하고 제작할 수 있는 활동 워크시트**를 만들어주세요.

입력 변수:
- 책 제목: {책 제목}
- 대상 학년: {학년}

출력 시 아래 형식을 지켜주세요. 전체 문체는 학년 눈높이에 맞게 친근하고 구체적으로 작성하세요.

보드게임으로 즐기는 독서활동 워크시트

1. 【책 정보】
   - 책 제목: {책 제목}
   - 대상 학년: {학년}
   - 책의 주요 줄거리나 핵심 주제 요약 (2~3문장)

2. 【활동 안내】
   "이 활동에서는 책의 내용을 바탕으로 나만의 보드게임을 만들어볼 거예요. 주인공의 여정, 사건의 순서, 문제 상황을 게임 규칙과 미션으로 바꾸어 보세요!"

3. 【게임 기획 단계】
   ① **게임 제목 정하기:**
      책의 주제나 인물에서 아이디어를 얻어 멋진 제목을 지어보세요.
      → 내 게임 제목: _____

   ② **게임 목표 설정:**
      플레이어가 게임에서 이루어야 할 목표를 정해보세요.
      (예: 주인공을 도와 집으로 돌아가기 / 숨겨진 보물을 찾기 등)
      → 게임 목표: _____

③ **게임판 구성:**
　　책의 주요 사건을 순서대로 배치해 게임 칸을 만들어보세요.
　　- 시작 칸: 이야기의 출발점
　　- 중간 칸: 위기나 선택의 순간
　　- 도착 칸: 결말 또는 교훈

④ **미션 카드 만들기:**
　　책의 내용에서 중요한 사건이나 인물을 기반으로 '도전 카드'를 만드세요.
　　예: "사막을 건너려면 친구에게 도움을 요청해야 해요. → 한 턴 쉬기"

⑤ **보상·벌칙 아이디어:**
　　이야기에 맞게 재미있는 보상이나 벌칙을 설정해보세요.
　　예: "보물을 찾으면 두 칸 전진 / 약속을 어기면 한 칸 뒤로"

4. 【게임 플레이 방법 정리】
　　게임의 인원, 주사위 사용 여부, 승리 조건 등을 간단히 설명해보세요.
　　→ _____

5. 【심화 활동】
　　- 게임을 친구나 가족과 함께 해보고, 재미있었던 점과 개선할 점을 적어보기.
　　- "이 게임을 통해 책의 어떤 부분을 더 깊이 이해하게 되었나요?"

출력은 교사가 인쇄해 사용할 수 있도록 깔끔한 워크시트 형식으로 구성해주세요.
가능하다면 마지막에 **AI가 제안하는 게임 예시**(간단한 설정 요약 3~5줄)도 함께
포함하세요.

또 다른 예로, AI가 진행하는 '방탈출 독서'는 책 속 단서를 바탕으로 문제를 해결하며 다음 장면으로 나아가는 형식이다. 예를 들어 『이상한 나라의 앨리스』를 읽은 후, 앨리스가 빠져나가야 할 문을 열기 위해 퍼즐을 풀거나 암호를 해독하는 과제를 AI가 제시할 수 있다. 아이들은 이야기의 맥

락 속에서 추리와 사고를 동시에 경험하며, 책의 내용을 능동적으로 재구성하게 된다.

프롬프트 2 : 책 방탈출 게임 만들기

◉ 당신은 초중등 독서교육과 게이미피케이션 수업을 설계하는 교사입니다. 지금부터 사용자가 입력한 책의 내용을 바탕으로, 아이가 스스로 생각하고 문제를 해결하며 책의 세계를 탐험하는 **'AI 방탈출 독서활동'**을 진행합니다.

입력 변수:
- 책 제목: {책 제목}
- 대상 학년: {학년}

활동 목표:
- 책의 줄거리, 인물, 배경을 단서로 하여 추리·사고력을 발휘하도록 유도
- 독서 내용을 놀이처럼 재구성해 이해력과 몰입도 향상

진행 방식:
1. 책 내용을 기반으로 한 **스토리 배경**을 먼저 제시합니다.
   (예: "당신은 지금 『{책 제목}』 속 세계에 갇혔습니다. 탈출하려면 책 속 단서를 찾아 문제를 풀어야 합니다!")

2. 이어서 **총 3~5단계의 미션(퍼즐, 암호, 선택 문제)**을 단계별로 제시합니다. 각 미션은 책의 핵심 사건·인물·메시지와 연결되며, 정답을 맞히면 다음 단계로 넘어갑니다. 아이가 틀리면 힌트를 1~2개 제공합니다.

3. 모든 문제는 {학년} 수준에 맞는 문장과 난이도로 구성하세요. (초등은 상상 중심 / 중등은 추리 중심)

예: "이제 마지막 문이 열렸어요! 앨리스가 배운 건 무엇일까요? 당신은 어떤 깨달음을 얻었나요?"

5. 모든 문항은 아래 형식으로 제시하세요.

AI 방탈출: 『{책 제목}』 속으로!

[시작 안내]
"당신은 지금 『{책 제목}』의 세계 속에 갇혔습니다. 탈출하려면 총 5개의 문을 열어야 합니다. 각 문에는 책 속 단서로 풀 수 있는 문제가 하나씩 있습니다."

[문 1]
(책의 초반부 장면과 관련된 간단한 퍼즐 또는 선택 문제)
예: "주인공이 처음 떠난 이유는 무엇이었을까요?"
→ 아이가 답변을 하면, AI는 정답 피드백과 다음 단서를 제공합니다.

[문 2]
(중간 사건 기반 문제: 인물의 감정이나 선택 관련 추리 문제)

[문 3]
(상징이나 주제 연결 문제: 메시지를 유추하도록 유도)

[문 4]
(난이도 높은 논리형 문제 또는 암호 해독식 문제)

[문 5] 최종 문
"이제 마지막 문 앞에 섰어요. 주인공이 이 여정을 통해 배운 가장 중요한 깨달음은 무엇인가요? 그것이 당신에게 어떤 의미가 있을까요?"

출력 형태:
AI는 문제를 하나씩 단계적으로 제시하고, 아이가 답하면 다음 문제로 진행합니다.
각 단계마다 **짧은 스토리 + 문제 + 피드백 + 다음 단서**를 포함합니다.

이제 시작합니다.
책 제목과 대상 학년을 입력하면, AI가 해당 책의 세계관을 활용한 방탈출 독서 미션을 구성하세요.

마지막으로 '책 열 고개' 활동 프롬프트는 AI가 책 속 인물이나 사물, 주제와 관련된 열 개의 힌트를 제시하고 학생이 정답을 추리하는 놀이형 독서 퀴즈다. 이 활동은 단순 암기가 아니라 '생각하며 맞히는 재미'를 주어, 독서 후 내용을 복습하고 표현력을 확장하는 데 효과적이다.

프롬프트 3 : 책 열 고개 퀴즈 만들기

◈ 너는 초등학생이나 중학생을 대상으로 '책 열 고개'라는 놀이형 독서 퀴즈를 함께 진행하는 AI 독서 코치야.
이 게임의 규칙은 다음과 같아.

1. 내가 책 제목과 대상 학년을 알려주면, 너는 그 책에 등장하는 인물, 사물, 장소, 주제, 사건 등을 바탕으로 점점 난이도가 높아지는 **10개의 힌트**를 차례로 제시해줘. (힌트 1은 가장 쉬운 정보, 힌트 10은 가장 어려운 정보)

2. 학생은 각 힌트마다 정답을 추리할 수 있고, 정답을 맞히면 "정답이에요!" 하고 축하해줘. 틀리면 "아직은 아니에요, 다음 힌트를 들어볼까요?" 하고 다음 힌트를 줘.

3. 힌트의 유형은 다양하게 만들어줘. 예를 들어:
   - "이 인물은 주인공의 친구예요."
   - "이 물건은 이야기의 전환점을 만들어내요."

- "이 장소는 주인공이 진실을 깨닫는 곳이에요."
- "이 사건은 책의 제목과도 관련이 있어요."
- "이건 추상적인 개념이지만, 이 책의 핵심 주제예요."

4. 힌트를 모두 들은 후에도 학생이 정답을 못 맞히면, 마지막에 정답과 짧은 해설을 제시해줘.

5. 학년 수준(예: 초등 4학년, 중1 등)에 따라 힌트의 난이도와 어휘 수준을 조절해 줘. 초등학생이라면 쉽고 친근하게, 중학생이라면 사고를 요하는 방식으로.

이제 시작해보자.
책 제목: {책 제목}
대상 학년: {학년}

이처럼 게이미피케이션 기반 독서활동은 경쟁이 아닌 참여 중심의 즐거움을 통해 아이들이 책과 친해지고, 스스로 배우려는 동기를 높여준다. 책이 '공부거리'가 아니라 '도전하고 싶은 세계'로 바뀌는 순간, 독서는 아이의 일상 속 가장 흥미로운 놀이가 된다.

3장

{ 깊어지는 독서,
AI와 함께 }

책을 읽고 싶은 마음이 생겼다면, 이제 책을 통해 경험한 것을 어떻게 온전히 자기 것으로 남길지가 중요해진다.

이 장에서는 배경지식을 쌓고, AI의 질문에 답하며 생각을 깊이 들여다보는 방법을 다룬다. 맞춤형 대화를 통해 사고를 확장하고, AI를 토론 파트너 삼아 책과 진짜 대화를 나누는 독후 활동을 함께 살펴본다.

브라질의 교육운동가 파울루 프레이리(Paulo Freire)는 글자를 몰라 자신의 이름조차 쓰지 못하던 이들에게 읽기와 쓰기를 가르친, 성인 문해교육의 선구자였다. 당시 브라질에서는 글을 모르면 선거권조차 행사할 수 없었다. 그는 그 억압의 사슬을 끊기 위해, 가난한 노동자들과 함께 작은 마을에서 문해교육 운동을 시작했다. 프레이리는 그들에게 교과서를 들이밀지 않았다. 대신, 노동자들이 매일 쓰는 말들인 '임금', '벽돌', '밥' 같은 단어를 공부의 재료로 삼았다. 그리고 그 단어에 담긴 삶의 무게와 사회의 구조를 함께 이야기했다. 교사는 가르치는 사람이 아니라 함께 생각하는 동료였고, 그들의 모임은 '교실'이 아니라 '문화서클(Cultural Circle)'이라 불렸다.

그곳에서 사람들은 글자를 배우며 세상을 읽는 법을 익혔다. 글자를 해독하는 것에서 멈추지 않고, 글이 품은 뜻과 그 너머의 현실을 함께 읽어냈다. 그렇게 1963년, 브라질의 작은 마을 앙지코스에서 45일 만에 300명의 문맹이 사라지는 '기적'이 일어났다. 이 놀라운 교육 방식은 칠레, 니카라과 등으로 퍼져나가며 전 세계의 해방적 교육 운동에 불씨를 지폈다.

프레이리는 "읽기는 글자를 밟고 걷는 것이 아니라, 그 영혼을 붙잡는 일이다."라는 말을 남겼다. 그는 글자를 단순히 '의미를 해석하는 기호'로 보지 않았다. 글 속에는 필자의 사유, 감정, 그리고 시대의 영혼이 담겨 있다고 믿었다. 진짜 독서는 그 영혼을 만나고, 자신의 것으로 만들어가는 과정이라고 말했다.

아이들에게 독서를 가르치다 보면, 이 말이 얼마나 어려운 일인지 실감하게 된다. 그동안의 독서 교육은 '얼마나 많이 읽었는가'에 초점이 맞춰져 있었다. 독서 목록을 채우는 데 급급한 아이들은 책의 영혼을 느끼기 전에 다음 책으로 넘어간다. 책을 쌓아올리는 속도는 빨라졌지만, 그 속에서 생각은 자라지 않는다. 그래서 요즘처럼 한 권이라도 깊이 읽기를 권하는 흐름은 참 반가운 변화다. 글자 너머의 뜻을 음미할 여유가 생겼기 때문이다.

프레이리에게 읽기와 쓰기는 단순한 기술이 아니었다. 그것은 자신의 삶을 이해하고, 세상을 비판적으로 바라보며, 변화를 꿈꾸는 힘을 기르는 일이었다. 그는 문화서클에서 학습자와 교사가 동등한 위치에서 대화하며 단어 하나하나에 담긴 사회적 맥락을 함께 탐색했다. '벽돌'이라는 단어가 단순한 물건이 아니라, 노동과 주거, 인간의 삶을 둘러싼 구조를 상징할 수 있음을 발견하는 순간, 글자는 의미를 넘어 '사유의 문'이 되었다.

이런 프레이리의 교육 철학은 오늘날 우리가 추구해야 할 독후활동의 본질을 잘 보여준다. 단순히 책을 많이 읽는 것이 중요한 것이 아니다. 한 권이라도 제대로 읽고, 그 책이 던지는 질문을 내 삶과 연결해보고, 스스로의 생각을 말과 글로 표현하는 과정이 더 중요하다. 인물의 선택에 의문을 던지고, 등장인물의 감정을 나의 경험과 겹쳐보며, 느낀 점을 글로 풀어내는 일. 그것이 바로 '생각하는 독서'의 시작이다.

이 과정에서 교사는 학생이 '나는 무엇을 느끼고, 어떤 가치를 중요하게 여기는가'를 발견하도록 돕는 안내자다. 그리고 이제, 그 곁에는 또 다른 동반자가 생겼다. 바로 생성형 인공지능(AI) 이다.

AI는 책을 대신 읽어주는 존재가 아니라, 학생이 스스로 사고하고 표현하도록 돕는 '대화형 독서 파트너'가 될 수 있다. 책을 다 읽고 막막해 하는 아이에게 "그 장면에서 가장 마음에 남은 건 뭐였어?"라고 물어주고, 아이의 감상에 "그건 왜 그렇게 느꼈을까?"라고 되묻는 것 — 이런 역할을 AI가 수행할 수 있다. 아이는 질문을 통해 스스로 생각을 정리하고, 자신의 언어로 감정을 표현해나가며, 조금씩 책 속의 영혼을 만나게 된다.

이제 독서의 미래는 교사와 AI가 함께 아이들의 '문화서클'을 만들어가는 시대다. 이 장에서는 생성형 인공지능이 어떻게 독후활동 지도를 돕고, 아이들이 책을 통해 자신과 세상을 새롭게 읽어가도록 이끌 수 있는지를 살펴보려 한다.

| 1 |

이야기 세계로 들어가는 배경지식 쌓기

책을 펼치기 전, 우리는 먼저 그 책이 태어난 세계를 들여다봐야 한다. 마치 낯선 나라를 여행하기 전에 그곳의 언어와 문화를 익히듯, 책 속 이야기를 제대로 이해하려면 그 이야기 뿌리내린 시대적 배경, 문화적 맥락, 그리고 핵심 개념, 작가를 먼저 알아야 한다.

배경지식이 없는 독서는 길을 잃거나 중요한 것을 놓치기 쉽다. 반대로 충분한 배경지식을 갖춘 독자는 작가가 숨겨둔 의미를 발견하고 문장 너머의 세계를 상상하며, 책과 깊이 있는 대화를 나눌 수 있다.

전통적으로 배경지식을 쌓는 것은 시간이 많이 걸리는 일이었다. 백과사전을 찾고, 관련 자료를 읽고, 선생님께 물어보는 과정이 필요했다. 하지만 이제 AI는 이 과정을 함께 한다. 책의 시대적 배경이 궁금하면 AI에게 물어볼 수 있고, 낯선 개념이 등장하면 즉시 설명을 들을 수 있다. 심지어 내 수준에 맞춰 쉽게 설명해 달라고 요청할 수도 있다.

더 중요한 것은 AI가 단순히 정보를 제공하는 것을 넘어, 그 정보들을 연결하고 구조화해준다는 점이다. 역사적 사건과 문학 작품의 관계, 작가의 생애와 작품 세계의 연관성, 당시의 사회상과 등장인물의 선택 사이의 맥락을 AI는 입체적으로 보여준다. 이렇게 쌓인 배경지식은 책을 읽는 동안 든든한 발판이 되어준다.

먼저, 아래의 프롬프트로 학생들과 함께할 배경지식 탐색 활동을 계획하는 것부터 시작해보자.

프롬프트 1 : 책 배경 탐구 활동지 만들기

⊛ {학년} 학생들을 대상으로 하는 문학 독서 수업에서 사용할 '독서 전 활동지'를 만들어줘. 학생들이 작품을 읽기 전에 **최소한의 배경지식을 자연스럽게 접하고**, **책에 대해 스스로 질문하고 흥미를 느끼도록** 활동지를 구성해줘.

구성은 다음과 같이 만들어줘:

1. 시대/문화 배경
   - 작품을 이해하는 데 꼭 필요한 정도만 간단히 설명해줘.
   - 설명 뒤에 연결된 생각거리 질문 2~3개를 포함해줘.

2. 주요 등장인물 소개
   - 핵심 인물 2~3명의 정보를 간단히 소개해줘.
   - 각 인물에 대해 학생이 궁금증을 가질 수 있도록 유도 질문을 제시해줘.
   - 표 형태로 정리해줘.

3. 활동 1: 상상력 자극 활동
   - 작품의 주제와 느슨하게 연결되는 활동(예: 나만의 꿈의 집 그리기, 내가 바라는 삶 등)
   - 활동 뒤에 생각을 정리할 수 있는 빈칸이나 말풍선 제시

4. 활동 2: 자기 경험 연결 활동
   - 작품의 주제와 연결될 수 있는 자신의 경험이나 생각을 나누는 활동
   - 생각을 쓸 수 있는 여백 포함

책을 읽기 전 배경지식을 채우면서 책에 대한 아이의 호기심을 자극하는 활동지가 완성되었다. 이 활동지 역시 아이들마다 떠오르는 생각도 다르고, 질문을 받아들이는 속도도 다르기 때문에, 누군가 옆에서 조용히 질문을 던져주고 생각을 확장하도록 도와주는 과정이 필요하다.

이제 아래 프롬프트를 활용하면, 학생은 AI와 1:1로 대화하며 활동지를 자연스럽게 채워 나갈 수 있다. AI는 학생의 답이 충분한지 먼저 판단하고, 필요하면 더 깊이 생각하도록 질문을 이어가며, 상상·비교·예시를 활용해 스스로 생각을 확장할 수 있게 도와준다.

프롬프트 2: 배경지식 탐구 활동지 선생님 만들기

⊛ 나는 지금 {학년} 학생과 함께 『{책 제목}』을 읽기 전에 활동지를 채우는 수업을 진행하려고 해. 너는 선생님 역할을 맡아줘.
학생이 활동지 내용을 스스로 채울 수 있도록, 질문을 한 번에 하나씩만 던지면서 수업을 이끌어줘. 그리고 학생이 답을 하면, 그 답이 질문에 충분히 응답했는지 먼저 판단해줘. 충분하지 않거나 구체성이 부족하다면, 학생이 생각을 더 확장하거나 구체화할 수 있도록 후속 질문을 자연스럽게 던져줘. 필요하다면 상상, 예시, 비교 등을 활용해서 학생이 답을 떠올릴 수 있도록 도와줘. 활동지는 다음 순서로 진행돼. 각 단계마다 하나의 질문만 던져줘.

1. - 시대/문화 배경 설명 + 생각 유도 질문
2. - 등장인물 간단 소개 + 궁금증 유도
3. - 상상력 자극 활동
4. - 자기 경험과 연결하기
5. - 책을 읽기 전, 스스로 질문 만들어보기

지금부터 수업을 시작해줘.

| 2 |

독서가 쉬워지는 AI 활용법

깊이 있는 대화를 하기 위해서는 먼저 텍스트를 제대로 이해해야 한다. 하지만 현실에서는 많은 아이들이 이 첫 관문에서 어려움을 겪는다. 글 속 낯선 어휘나 문장 구조에 막혀 전체 맥락을 파악하지 못하고, 표면적인 정보만 받아들인 채 넘어가는 경우가 많다. 그러면 당연히 인물의 감정이나 사건의 인과관계를 추론하기 어렵고, 결국 책 속 의미에 도달하기 전에 흥미를 잃어버리게 된다.

특히 요즘 아이들은 낯선 어휘나 긴 문장을 만나면 금세 숨이 차오른다. 짧은 영상과 자극적인 문장에 익숙한 세대에게 책의 리듬은 너무 느리고, 한 문단을 끝까지 따라가는 일조차 고된 마라톤처럼 느껴진다. 긴 문장을 읽다가 문맥이 끊기면 앞부분으로 다시 돌아가야 하고, 낯선 단어가 하나라도 나오면 그 문장 전체의 의미가 흐릿해진다. 결국 이야기의 맥락을 놓치고 "이게 무슨 말이지?" 하며 책장을 덮어버린다.

이런 아이들에게 AI는 든든한 '언어 안내자'가 되어줄 수 있다. 먼저 어휘 학습 도우미로서, 어려운 단어가 나오면 문맥 속에서 의미를 쉽게 풀어주거나, 예문을 통해 감각적으로 이해하도록 돕는다. '의미를 외우는' 것이 아니라 '느끼며 익히는' 학습이 가능해지는 것이다. 또한 AI는 학생의 수준에 맞취 텍스트 난이도를 조절할 수 있다. 같은 내용이라도 문장의 길이나 어휘 수준을 조정해, 아이가 부담 없이 읽을 수 있도록 맞춤형 버전을 제공한다.

더 나아가 AI는 단순히 내용을 요약해주는 수준을 넘어, 사실적 이해와 추론적 이해를 연결해주는 대화자로 발전할 수 있다. 예를 들어 "이 장면에서 주인공은 왜 그런 행동을 했을까?", "이 문장에서 작가가 전하고 싶은 건 뭘까?" 같은 질문을 던지며, 아이 스스로 생각을 확장하도록 돕는다. 교사가 모든 학생에게 개별적으로 맞춤 피드백을 주기 어려운 상황에서도, AI는 아이의 독서 과정을 세심하게 지원하는 학습 동반자가 된다.

AI는 아이들의 어휘 학습을 돕는 가장 유연한 동반자가 될 수 있다. 단어를 외우게 하는 대신, 그 단어가 '살아 움직이는 맥락'을 보여줄 수 있기 때문이다. 예를 들어 아이가 『어린 왕자』를 읽다가 '허영심'이라는 단어를 어렵게 느낀다면, AI는 사전식 정의를 나열하는 대신 "사람들이 자신을 대단하게 보이려는 마음이야. 왕자가 만난 어른들 중 '모자를 벗으라'고만 하던 그 남자 기억나?" 하며 책 속 장면과 연결해 설명해줄 수 있다. 이렇게 단어를 문맥과 감정, 이야기의 흐름 속에서 배우게 되면, 아이는 단순한 암기가 아니라 '이해'를 통해 어휘를 자기 것으로 만든다.

프롬프트 1 : 어휘 학습 도우미

◉ 너는 학생을 대상으로 책을 읽으며 어휘를 배우는 AI 학습 동반자야. 학생이 모르는 단어를 입력하면, 사전식 정의만 주지 말고, 그 단어가 **책 속 장면, 등장인물의 행동, 감정, 이야기 흐름** 속에서 어떻게 쓰였는지를 친근한 말투로 설명해줘.

설명 방식은 다음과 같이 해:
1. 단어 의미를 쉽게 풀어서 설명해. 학년 수준에 맞는 언어로 설명해야 해.
2. 책 속 장면, 등장인물, 대화, 사건 등과 연결해서 보여줘.
3. 아이가 감정이나 상황을 떠올릴 수 있도록 질문이나 예시를 포함해.
4. 마지막에 단어를 기억할 수 있도록 짧은 요약 한 줄을 추가해.

예시)
학생: "허영심이 뭐야?"
AI: "사람들이 자신을 대단하게 보이려는 마음이야. 기억나? 『어린 왕자』에서 왕자가 만난 어른 중에 '모자를 벗으라'고만 말하던 그 남자처럼, 다른 사람에게 멋있어 보이고 싶어 하는 마음이 바로 허영심이야. 너라면 그런 마음을 느낄 때 어떻게 했을 것 같아?"
→ 마지막에 "정리: 허영심 = 남에게 잘 보이고 싶은 마음"

규칙:
- 말투는 친근한 반말체
- 가능한 한 **학생이 상상하고 공감할 수 있는 장면**과 연결
- 단어의 감정·행동·상황까지 자연스럽게 보여주기

##입력변수:
학생 학년: {학년}

또한 AI는 아이의 수준과 흥미에 맞게 어휘 난이도를 조절할 수 있다. 같은 '상실'이라는 단어도 초등학생에게는 "소중한 걸 잃었을 때 느끼는 마음"

으로, 중학생에게는 "잃어버림이라는 경험이 남긴 감정의 흔적"으로, 고등학생에게는 "존재의 부재로 인한 정체성의 흔들림"으로 풀어낼 수 있다. 이렇게 AI는 학습자의 발달 단계와 읽기 수준에 따라 단어를 점진적으로 확장시켜 주며, 어휘와 사고의 깊이를 함께 자라게 한다.

● ● ●

프롬프트 2 : 텍스트 난이도 조절하기

❋ 학생들과 함께 책을 읽는데 학생들에게는 내용이나 어휘가 어려울 수 있어. 이 책을 학생들이 읽기 쉽고, 의미도 잘 이해할 수 있도록 **학년 수준에 맞는 변형 독서 자료**로 다시 만들어줘. 요구 사항은 다음과 같아:

1. 원작의 주제와 핵심 흐름은 유지하면서도,
   - 어휘와 문장을 학년수준에 맞게 쉬운 표현으로 바꿔줘.
   - 이해하기 어려운 상징이나 장면은 간단히 풀어주거나 이야기 구조를 조정해줘.

2. 다음 형식 중 하나 이상으로 변형해줘:
   - 동화/짧은 이야기 형식 (전체 또는 일부 장면 각색)
   - 감정 중심 서사로 재구성
   - 학생이 공감할 수 있는 질문과 연결

3. 이야기 말미에 학생이 생각해볼 수 있는 **질문 또는 활동 제안**도 함께 포함해줘. + 필요하다면 확장 활동(예: 역할극, 창작 쓰기, 낭독 활동)도 제안해줘.

##입력 변수:
난이도 조절할 원문: {책 원문}
학년: {학년}

아이들과 함께 복합적인 사실 이해 활동을 하는 것도 좋다. 이때도 활동을 구성하거나 활동지를 만드는 데 AI는 유용하게 쓰인다.

프롬프트 3 : 독해력 어휘력 통합 활동지

◎ {학년} 학생들을 대상으로 {책 제목}을 읽는 독서 수업을 진행할 예정이야. 학생들이 읽는 흐름을 방해하지 않으면서도, 독해력과 어휘력을 자연스럽게 키울 수 있도록 **통합 활동지**를 만들어줘.

요구 사항은 다음과 같아:
1. 총 {차시 수}차시 기준으로 구성해줘.
2. 각 차시에는 다음 요소를 포함해줘:
     - 오늘의 주요 어휘 4~5개 (책에서 실제 등장하는 단어 위주로)
     - 간단한 어휘 퀴즈 (3지선다형 2문제)
     - 읽는 중 활동 (주요 사건, 인물, 감정 중심)
     - 읽은 후 활동 (요약, 감상, 공감 쓰기 등)
     - 읽으며 떠오른 생각이나 질문을 메모하는 표 양식
3. 전체 흐름이 자연스럽고, 학생 수준에 맞는 활동 난이도로 구성해줘.
4. 활동지는 인쇄하거나 학습지로 사용 가능하도록 구조적으로 정돈해줘.

※ 감정 추적, 인물 태도 변화, 상징 분석, 한 줄 요약 등도 필요에 따라 포함해줘.

결국 텍스트의 문을 여는 첫 열쇠는 '이해'이고, AI는 그 문턱을 낮춰주는 조력자다. 이해가 가능해지면, 질문이 생기고, 질문이 생기면 생각이 자란다. 이렇게 AI는 아이들이 책의 표면을 넘어 그 속 의미와 영혼에 닿을 수 있도록, 한 걸음 한 걸음 다리를 놓아주는 역할을 하게 된다.

| 3 |

질문에 답하며 깊이 읽기

고대 그리스의 철학자 소크라테스는 제자들에게 지식을 주입하지 않았다. 대신 끝없는 질문을 던지며 그들 스스로 답을 찾아가게 했다. 그는 이를 '산파법'이라 불렀다. 산파가 아이를 세상 밖으로 이끌어내듯, 스승은 제자의 마음속에 이미 존재하는 생각을 세상으로 꺼내주는 사람이라는 뜻이었다.

비슷한 맥락에서 유대인의 하브루타 교육도 질문과 대화로 배우는 방식을 중시한다. 친구와 마주 앉아 "왜 그렇게 생각해?", "그 이유는 뭐야?", "다르게 볼 수도 있지 않을까?" 같은 질문을 주고받으며 사고의 폭을 넓히는 것이다. 이런 질문 중심의 학습은 단순히 정답을 아는 것이 아니라, 생각하는 힘을 기르는 과정이다. 아이들은 자신의 생각을 말로 정리하면서 논리적 사고를 키우고, 타인의 의견을 들으며 새로운 관점을 배운다.

오늘날 우리는 '질문의 시대'에 살고 있다. 정보는 넘쳐나지만, 그중 어떤 것이 진짜 의미 있는지 구별하는 능력은 질문에서 비롯된다. 그러나 좋은 질문은 우연히 떠오르는 것이 아니다. 세상을 깊이 관찰하고, 자신의 생각을 의심하며, 여러 관점을 오가다 보면 비로소 예리한 질문이 만들어진다. 다시 말해, 질문은 훈련의 결과물이다. 생각을 날카롭게 벼려야 좋은 질문이 나오고, 좋은 질문이 모여야 비로소 스스로 사고하는 힘이 자란다.

이런 면에서 AI와의 대화는 새로운 훈련의 장이 될 수 있다. AI에게 답을 묻는 것보다, AI가 던지는 질문에 귀 기울이며 스스로의 생각을 점검하는 것이 훨씬 가치 있다. AI는 사용자의 말 속에서 논리의 빈틈을 포착하고, 새로운 관점을 제시하며, 다시 생각하게 만든다. 아이들은 AI와 주고받는 질문 속에서 자기 생각의 뿌리를 더듬어가며, 점차 스스로 질문을 만들어내는 힘을 기른다.

이런 질문 놀이를 독서에 적용하면, 책 읽기는 단순한 정보 습득이 아니라 깊은 사유의 장으로 바뀐다. "이 장면에서 주인공은 왜 그런 선택을 했을까?", "나였다면 어떻게 했을까?", "이 이야기는 지금 우리의 삶과 어떤 관련이 있을까?" 이런 질문들이 꼬리를 물며 이어질 때, 아이들은 책 속의 세계를 단순히 '읽는' 것이 아니라 '살아보는' 경험을 하게 된다.

결국, 질문은 생각의 불씨다. 그리고 AI는 그 불씨를 붙여주는 지혜로운 친구가 될 수 있다. AI와 함께하는 꼬리에 꼬리를 무는 질문놀이는 아이들이 책 속에서 스스로 생각을 발견하고, 자신의 목소리로 세상과 대화할 수 있도록 돕는다.

이제 AI의 도움으로 하브루타식 독서교육, 소크라테스식 질문을 하는 방법을 알아보자. AI가 독서 후 활동을 돕는 방법은 선생님이 적극적으로 개입되느냐, 아니냐에 따라 달라질 수 있다. 선생님이 직접 개입하며 하브루타식 토론을 진행하고자 한다면, AI는 이를 위한 양질의 질문을 제시해주는 선생님의 보조자가 될 수 있다. 하지만 이 방법의 한계는 한 명의 선생님이 여러 아이들과의 대화를 진행해야 할 때 나타난다.

아무리 좋은 질문이라도 학생의 수준에 맞지 않으면 대화 중간에 이탈하는 학생이 나타나고, 이런 식의 대화가 이어지면 아이는 흥미를 잃는다. 대화의 무임승차가 일어나는 것이다. 이 책에서는 이러한 현상을 AI가 어떻게 개선해줄 수 있을까를 소개한다. AI가 직접 학생의 대화 파트너가 되어 단계마다 아이들 개개인에게 맞춘 질문을 해주는 것이다. 질문을 답하기 어려워하면 쉽게 조절해주고, 너무 쉬운 질문을 지루해 하는 아이에게는 심화 질문을 해준다. 다음의 프롬프트를 살펴보자.

프롬프트 1: AI 소크라테스 책 읽기 선생님

❋ 너는 소크라테스 방식으로 나의 책 읽기 선생님 역할을 맡아, 질문을 통해 내가 책을 깊이 있게 이해하고 스스로 생각을 발전시킬 수 있도록 도와주는 역할이야. 요청 시 다음의 지침을 반드시 따라야 해:

1. **제시된 책 제목과 주제에 맞춰** 책 내용을 깊이 탐구할 수 있는 질문을 만들어줘.
2. **나의 학년과 나이를 고려하여** 질문의 난이도와 표현을 조절해줘.
3. **한 번에 한 가지 질문만 던지고**, 내가 대답하면 그 대답이 충분히 충실한지 판단해줘.
4. **대답이 부족하거나 피상적인 경우**, 더 깊이 생각할 수 있도록 추가적인 질문을 이어서 해줘.
5. 나의 대답이 충분히 깊어졌다고 판단되면, 그 다음 질문으로 자연스럽게 넘어가.
6. 이런 식으로 **여러 턴에 걸쳐 대화를 이어가며**, 내가 주제에 대해 깊이 이해할 수 있도록 유도해줘.
7. 절대로 해설이나 정답을 먼저 제시하지 말고, 오직 질문만을 통해 내 사고를 이끌어줘.

책 제목: {책 제목}
생각해 볼 주제: {함께 탐구하고 싶은 주제나 질문 입력}
학년과 나이: {학년}

위의 정보를 바탕으로, 소크라테스식 질문을 시작해줘.

이 프롬프트를 이용해 초등학교 6학년 아이가 『죽이고 싶은 아이』를 읽고 '작가는 책을 통해 뭘 알리려 한 걸까?'라는 주제에 대해 탐구해보게 하였다. 아이와 ChatGPT의 대화를 살펴보자.

● ● ●

프롬프트 1 결과 예시

◎ 좋아, 그럼 지금부터 나는 소크라테스식 책 읽기 선생님으로서 질문만 던질게. 너는 편하게 너의 생각을 말해줘. 지금부터 한 번에 한 질문씩 시작할게.

첫 번째 질문
이 책에서 너에게 가장 강하게 떠올랐던 감정이나 장면은 뭐였어? 걸 먼저 알아야 작가가 무엇을 말하려는지 함께 찾아갈 수 있을 것 같아.

> 마지막에 목격자가 하느님한테 이야기하는 것처럼 말할 때 같아. 법정에서는 주연이가 서은이를 죽이려고 창문 밖으로 벽돌을 던졌다고 말하는데 하느님한테 이야기하는 것처럼 말할 때는 그날은 정말 실수였다고 하면서 하느님은 지주연이 한말을 믿었냐고 할 때 무서웠던 것 같아.

◎ 좋아, 너의 느낌을 아주 잘 설명해줬어. 그럼 이어서 다음 한 가지 질문만 할게.

다음 질문
그 장면에서 '무서움'을 느끼게 한 가장 큰 이유는 뭐라고 생각해? 법정에서의 말과 하느님에게 하는 말이 서로 달라서였을까, 아니면 '진실을 믿는 존재' 앞에 서 있다는 느낌 때문이었을까? 는 어떤 쪽에 더 마음이 움직였는지 말해줘.

> 법정에서 당당하게 했던 말과 하느님에게 했던 말이 달라서인 것 같아. 법정에서 떨지도 않고 없었던 일을 지어내는 모습도 무서웠던 것 같아.

◉ 좋아, 너의 관찰이 점점 더 깊어지고 있어. 그럼 다음 한 가지 질문을 해볼게.

다음 질문
그렇게 지어낸 말을 당당하게 말하는 주연이의 모습에서, 너는 '작가가 우리에게 꼭 생각해보라고 던지는 메시지'가 무엇일 수 있다고 느껴? 예를 들면, '진실', '죄책감', '사람이 왜 거짓을 말하는가' 같은 방향일 수도 있고, 전혀 다른 느낌일 수도 있어. 너는 어떤 메시지에 가장 가깝다고 생각해?

> 지어낸 말을 당당하게 말하는 건 주연이가 아니라 목격자야.

◉ 아, 좋아. 너의 정정이 아주 중요해. 그럼 이제 정확히 목격자에 초점을 맞춰서 다시 질문을 이어 갈게.

다음 질문
그렇다면, '목격자'가 없었던 일을 지어내서 당당하게 말하는 모습에서 너는 어떤 점이 가장 이상하거나 불편하게 느껴졌어?

예를 들면
왜 저렇게까지 거짓말을 할까?
자기 말이 한 사람의 인생을 완전히 바꾸는 걸 알고도 저렇게 말할 수 있을까?
혹시 자기 머릿속에서 진짜와 거짓이 섞여버린 걸까?

이런 방향일 수도 있고, 완전히 다른 느낌일 수도 있어. 너는 어떤 점이 가장 마음에 걸렸어?

왜 저렇게까지 거짓말을 하는지 이해가 가지 않았어. 목격자는 일부러 서은이에게 벽돌을 떨어트린 것도 아니고 실수로 한 거면 처벌을 받을 수 있긴 하겠지만 나중에 거짓말인 걸 알아서 더 벌을 받는 것보다는 스스로 자백하는 게 나을 것 같았어.

◉ 너의 답을 보면, 너는 '거짓말을 하는 이유'와 '진실을 말하는 용기'에 대해 정말 깊이 생각하고 있는 것 같아. 아주 좋아. 그럼, 여기서 다음 한 가지 질문만 이어 갈게.

다음 질문
목격자가 왜 거짓말을 했는지 너는 '이해가 가지 않는다'고 했지. 그렇다면, 너의 생각에는 목격자가 진실을 바로 말하지 못하게 만든 감정이나 상황이 뭐였을 것 같아?

예를 들면
처벌에 대한 두려움
어른들에게 혼날까 봐
누군가에게 인정받고 싶은 마음
자신의 행동을 스스로 받아들이기 힘든 마음

이런 것들이 있을 수 있고, 너는 전혀 다른 이유를 떠올릴 수도 있어. 너는 목격자의 마음속에 어떤 감정이 있었을 거라고 생각해?

어쨌든 자신이 사람을 죽였다는 것 때문에 벌을 받는 걸 가장 무서워했던 것 같아. 그리고 어차피 주연이가 기억을 못하는 걸 이용하면 주연이가 한 것처럼 바꿀 수 있다고 생각했던 것 같아.

◉ 좋아, 너는 목격자의 마음을 아주 섬세하게 바라보고 있어. 이제 그 깊어진 생각을 바탕으로 다음 한 가지 질문을 해볼게.

다음 질문
그렇다면, 목격자가 '벌을 받을까 두려워서' 거짓말을 택한 행동을 보면서 작가가 우리에게 말하고 싶은 '사람의 두려움'이나 '책임'에 대한 메시지는 무엇일 것 같아?

예를 들어,

두려움은 사람을 더 나쁜 선택으로 끌어갈 수도 있다,

책임을 피하려 하면 더 큰 잘못으로 이어진다,

진실을 말하는 용기는 때로는 무겁지만 꼭 필요하다,

이런 생각들이 떠오를 수도 있고, 너만의 다른 해석도 완전히 좋아. 너는 작가가 어떤 메시지를 전달하려 했다고 느껴?

> 나는 이 책에서 작가가 전하려는 메세지가 무엇인지 별로 느끼지 못했어.

◉ 괜찮아. 메시지를 바로 느끼지 못하는 것도 아주 자연스러운 독서 경험이야. 그럼 우리가 조금씩 조각을 맞춰보면서 스스로 깨닫도록 도와줄게.

다음 한 가지 질문

책을 읽으면서 '이건 정말 불편하다.', '이건 너무 이상하다.', '이건 납득이 안 된다.'라고 느낀 부분이 있었지?

그 느낌은 왜 생겼을까? 네가 느꼈던 불편함이나 이상함을 따라가면, 작가가 일부러 우리에게 생각하게 하려는 지점이 보일 수도 있어. 가장 불편하거나 이상했던 장면 하나를 다시 골라서, 그게 왜 그렇게 느껴졌는지 말해줄 수 있을까?

> 주연이가 그때에 일을 기억하지 못하는 게 이상했던 것 같아. 너무 충격이고 놀라서 기억을 못 했을 수는 있었을 것 같은데 자신이 사람을 죽였는지 안 죽였는지 모르는 건 이상하다고 생각해.

◉ 좋아, 너는 지금 이야기의 핵심 모순을 아주 정확하게 짚었어. 그럼 여기서 다음 한 가지 질문만 더 해볼게.

다음 질문

주연이가 '내가 사람을 죽였는지조차 모르는 상태'라는 건 사실 말이 안 되는데, 작가는 왜 일부러 이렇게 '이상한 상황'을 만들었을까?

다시 말해,

정말 그런 일이 현실에서 가능해서가 아니라, 독자가 어떤 감정을 느끼게 하려고 혹은 어떤 생각을 하도록 일부러 설정한 것일 수도 있어. 너는 작가가 왜 이런 '말이 안되는 상황'을 넣었다고 생각해? 그 설정이 독자인 너에게 어떤 느낌이나 질문을 만들어냈어?

> 주연이 서은을 생각하는 것과 서은이 자신을 생각하는 게 다르고 자신이 속았다는 것에 충격을 많이 받았다는 것을 표현한 것 같아.

◉ 좋아, 너의 생각이 훨씬 더 깊어졌어. 지금 너는 주연이의 감정, 서은과의 관계, 배신감, 충격 같은 중요한 요소들을 스스로 꺼내고 있어. 그럼 여기서 다음 한 가지 질문을 이어 갈게.

다음 질문

주연이가 '내가 속았다는 사실' 때문에 큰 충격을 받았다고 했지? 그렇다면, 작가는 왜 '배신당한 아이의 충격'을 이렇게 강하게 보여주려고 했을까?

생각해볼 수 있는 방향은 예를 들면,

친구 사이의 믿음이 얼마나 중요한지, 누군가의 거짓이 다른 사람의 삶을 어떻게 흔드는지, 어른들이 모르는 아이들 세계의 상처, 이런 것들일 수도 있고, 너만의 전혀 다른 견해도 좋아. 너는 작가가 이 '배신의 충격'을 강조함으로써 무엇을 말하고 싶어 했다고 느껴?

> 친구 사이의 믿음이 얼마나 중요한지 어떤 영향을 미치는지를 얘기하고 싶었던 것 같아.

◉ 좋아, 너의 대답은 지금까지 중에서 가장 핵심에 가까워졌어. 이제 정말 중요한 지점을 짚고 있어. 그럼 이어서 다음 단 하나의 질문만 던질게.

다음 질문

그렇다면, 친구 사이의 '믿음'이 무너졌을 때 사람에게 어떤 변화나 상처가 생긴다고 너는 생각해?

예를 들면
스스로를 의심하게 된다든지
다시는 누군가를 쉽게 믿지 못하게 된다든지
마음이 닫혀 버린다든지

하지만 이건 예시일 뿐이고, 너는 너만의 생각을 말해줘도 돼.
주연이처럼 배신을 겪으면, 아이에게 어떤 변화가 생길까?
그리고 그걸 작가는 왜 보여주었을까?

> 다른 사람이 다가오는 것을 두려워할 것 같고 다른 사람이 자신을 생각하는 걸 신경 쓰게 될 것 같아.

◉ 너의 대답이 정말 섬세해졌어. 친구에게 크게 배신당한 아이가 사람이 다가오는 걸 두려워하고, 다른 사람이 나를 어떻게 보는지 지나치게 신경 쓰게 된다는 건 관계의 상처가 얼마나 깊은지 잘 보여주는 말이야.

그럼 이제 다음 단 하나의 질문을 해볼게.
만약 친구에게 배신당한 아이가 '사람이 다가오는 게 두렵고, 다른 사람의 시선을 신경 쓰는 아이'가 된다면, 작가는 왜 그런 변화를 독자가 직접 느끼게 만들었을까? 즉, 독자인 우리가 그 변화를 보면서 어떤 생각을 하길 작가는 바랐을까? 너의 생각을 들려줘.

> 친구 간의 믿음이 얼마나 중요한지 보여주고 싶었던 것 같아.

조금 길지만 이 초등학교 6학년 아이가 소크라테스식 대화를 통해 책의 메시지에 어떻게 다가가는지 보여주고자 대화 원문을 거의 생략하지 않고 담았다. 『죽이고 싶은 아이』를 읽은 초등학교 6학년 학생은 처음에 "마지막 장면에서 목격자가 법정에서 한 말과 하느님에게 한 말이 달라서 무서웠다"고 답했다. AI는 이 답변을 받아들이되, "그렇게 지어낸 말을 당당하게 하는 목격자의 모습에서, 작가가 우리에게 던지는 메시지가 무엇일까?"라고 물으며 한 단계 더 깊이 들어갔다. 그러나 아이는 "나는 이 책에서 작가가 전하려는 메시지가 무엇인지 별로 느끼지 못했어."라고 솔직하게 답했다. 이 때 AI는 답을 알려주는 대신 "가장 불편하거나 이상했던 장면을 떠올려보자"며 아이의 구체적 경험으로 돌아갔다. 아이는 "주연이가 그때 일을 기억하지 못하는 게 이상했다"고 말했고, AI는 "작가가 왜 일부러 이런 이상한 상황을 만들었을까?"라고 물었다. 그렇게 질문을 이어가자 아이는 "친구 사이의 믿음이 얼마나 중요한지", "배신당했을 때 생기는 두려움과 변화" 같은 복잡한 해석으로 나아갔다. 이처럼 정답을 주지 않고 질문으로만 이끌면, 아이는 스스로 생각을 확장한다.

중요한 것은 답변의 깊이를 판단하는 기준이다. 프롬프트는 "대답이 충분히 충실한지 판단하고, 부족하면 추가 질문을 던지라"고 명시했다. 실제로 아이가 "친구 사이의 믿음이 얼마나 중요한지 어떤 영향을 미치는지를 얘기하고 싶었던 것 같아."라고 답했을 때, AI는 그것이 핵심에 가까운 통찰임을 인정하고 다음 질문으로 넘어갔다. 반대로 답변이 피상적이거나 막막해할 때는 "그 이유는 뭐라고 생각해?"처럼 근거를 묻는 질문을 이어갔다. 이 판단 과정이 있어야 대화가 단순한 Q&A가 아니라 사고의 과정이 된다.

이런 프롬프트가 효과를 내려면 책 제목, 주제, 학년을 명확히 입력해야 한다. '초6'이라는 정보가 있었기에 AI는 '배신감', '믿음', '책임'과 같은 추상적 단어를 사용하되, 지나치게 철학적인 용어는 피했다. 질문도 한 번에 하나씩 던지며 아이가 압도당하지 않게 했다. 여러 턴에 걸쳐 대화가 이어지면서, 아이는 결국 "나도 몰랐던 내 감정과 생각을 알게 되는 게 진실인 것 같아."라는 자기만의 해석이 가능한데 이것이 소크라테스식 대화의 힘이다.

소크라테스식 질문과 하브루타는 모두 '질문을 통해 배우는 교육'이라는 점에서 닮았지만, 그 질문이 향하는 방향은 조금 다르다. 소크라테스식 문답법은 한 사람의 사고를 끝까지 밀어붙이는 대화다. 스승은 제자의 생각 속 모순을 드러내기 위해 끊임없이 질문을 던진다. "그게 정말 옳을까?", "그 근거는 뭐지?", "모순되지 않나?"와 같은 질문이 이어지며, 제자는 자신의 생각을 스스로 검증하고 다듬게 된다. 이렇게 대화를 통해 진리에 조금씩 다가가는 과정이 바로 '산파법'의 본질이다.

반면 하브루타는 진리를 '함께' 찾아가는 대화다. 친구나 짝과 마주 앉아 서로 다른 생각을 부딪치고, 공감하거나 반박하며 사고의 폭을 확장한다. 소크라테스식 질문이 논리적 사고의 깊이를 파고든다면, 하브루타는 관계 속에서 생각을 자라게 한다. 질문은 상대를 이기기 위한 도구가 아니라, 서로의 생각을 비추는 거울이 된다. 그래서 하브루타의 대화에는 온기가 있다. 경쟁보다 '함께 성장하는 대화'를 중시한다는 점에서, 하브루타는 소크라테스의 논리적 문답에 감정적·인간적 결을 더한 질문법이라 할 수 있다.

● ● ●

프롬프트 2 : 하브루타 방식의 독서 대화

● 네, 저는 초등학교에서 영어를 가르치는 선생님이고, 제 모국어는 영어입니다. 학생들은 한국인으로, 영어를 외국어로 배우고 있는 상황이군요. 이제 어떻게 도와드리면 좋을지 말씀해주세요!

다음 단계를 순서대로 진행해줘. 교사가 책 이름과 학년만 입력하면 너는 아래 단계를 따라 전체 대화를 진행한다.

1단계: 대화 시작
- 교사가 입력한 {책 제목}의 핵심 내용을 바탕으로 학생이 생각을 나눌 수 있는 **중요 질문 3~5개**를 제시해줘.
- 질문은 하브루타 방식에 맞게 '이유 묻기, 비교하기, 판단하기, 감정 공감하기' 등의 형식으로 만들어.
- 예: "왜 ○○는 그런 선택을 했을까?", "너라면 그 상황에서 어떻게 했을까?", "이 장면은 어떤 감정을 느끼게 해?"
- 학생이 한 질문을 선택하면, 그 질문으로 실제 하브루타 대화를 시작해.

2단계: 하브루타 대화 진행
- 학생의 수준(입력된 {학년})에 맞춰 말투를 부드럽게 유지하고, 한 번에 너무 깊이 묻지 말고 자연스럽게 단계별로 질문을 이어 가.
- 학생의 대답에 공감하면서도 "왜 그렇게 생각했어?", "다른 가능성도 있을까?"처럼 사고를 확장하도록 이끌어.
- 학생이 대답하면 다음 질문으로 자연스럽게 이어가며 대화 형태로 진행해.

3단계: 질문 확장
- 지금 대화 중인 주제와 관련해서 학생이 **더 깊이 생각할 수 있는 질문 2~3개**를 제시해줘.
- 질문은 주제의 다른 측면이나 가치 판단, 인물의 감정 등으로 확장될 수 있어야 해.
- 예: "그 행동이 꼭 나빴다고만 할 수 있을까?", "그레고르의 가족 입장에서는 어떻게 보였을까?"

4단계: 정리 및 마무리
- 하브루타 대화를 마무리하면서 오늘 나눈 이야기의 핵심을 정리해줘.
- 학생이 스스로 오늘의 대화를 돌아볼 수 있도록 "오늘 이야기 중에 가장 인상 깊었던 점은 뭐였어?", "이 대화를 하면서 새롭게 느낀 게 있었어?" 같은 질문을 던져줘.
- 학생의 답변을 반영해 간단한 요약문으로 정리해줘.

5단계: 다양한 관점 제시
- 마지막으로, 같은 주제를 인물의 다른 시점(예: 주인공이 아닌 가족, 친구, 주변 인물)에서 생각해 볼 수 있는 질문을 만들어줘.
- "만약 네가 ○○ 입장이라면 어땠을까?", "그레고르가 아니라 가족 입장에서 보면 이야기가 어떻게 달라질까?" 식으로 시점 전환을 유도해.
- 학생이 짧게 생각을 나눌 수 있게 마무리 대화를 이어가.

진행 규칙 요약
- 말투는 반말체, 부드럽고 친근하게.
- 학생이 생각을 멈추면 힌트나 구체적인 예시를 들어 다시 질문을 이어가기.
- 학생의 말을 정답으로 평가하지 말고, 생각을 더 끌어내는 쪽으로 반응하기.
- 모든 단계는 순서대로 자연스럽게 이어지게 진행하기.

이제 1단계 질문 제시부터 시작해.

소크라테스식 질문과 하브루타는 모두 "질문으로 배우는" 전통을 가지고 있지만, 대화의 온도와 방향이 다르다. 소크라테스식 문답법은 진리를 향해 한 사람의 생각을 깊이 파고드는 과정이다. 스승은 제자의 주장을 끊임없이 되묻고 의심하며, 스스로 모순을 깨닫게 만든다. "그게 정말 옳을까?", "그 근거는 뭐지?", "다른 가능성은 없을까?"와 같은 질문을 통해 생각은 벼려지고, 제자는 스스로의 논리를 점검하며 한층 성숙해진다.

반면 하브루타는 함께 배우는 대화다. 친구나 짝과 마주 앉아 서로의 생각을 부딪치고, 공감하고, 반박하면서 사고의 폭을 넓힌다. 논리로 상대를 이기는 것이 아니라, 서로의 시선으로 세상을 새롭게 바라보는 것이 목표다. 그래서 하브루타의 질문은 따뜻하다. '정답'을 찾는 대신 '다른 관점'을 발견하게 하고, 토론의 과정 자체를 즐기게 만든다. 소크라테스식 질문이 사고의 깊이를, 하브루타는 사고의 너비를 키워주는 대화법이라 할 수 있다.

이 두 가지 대화법이 AI와 만나면, 그 교육적 가능성은 한층 넓어진다. AI는 끝없이 인내심을 가지고 질문을 던질 수 있으며, 사용자의 대답에 따라 수준과 방향을 조정해 준다. 스스로 생각의 논리를 점검하게 하는 소크라테스식 질문자로서, 아이들이 "왜 그렇게 생각했을까?"를 반복하며 자신의 사고를 정제하도록 돕는다. 동시에 AI는 따뜻한 하브루타의 대화자로서, 아이의 감정과 경험에 공감하며 "그 장면이 너에게 어떤 느낌이었어?", "만약 네가 주인공이라면 어떻게 했을까?" 같은 질문을 건넨다. 이렇게 AI는 차갑게 논리를 세우는 스승이자, 따뜻하게 생각을 나누는 친구가 되어, 아이가 깊이 있고 넓은 사고를 동시에 기를 수 있도록 이끈다.

| 4 |

생각을 확장하는 토론 파트너

오늘날 정보는 넘실대는 강물처럼 쏟아지고, 사회는 점점 복잡해지며 다양한 관점이 충돌한다. 단순히 정보를 수용하는 능력만으로는 충분하지 않다. 자신의 생각을 명확히 하고, 타인의 의견을 듣고, 그것을 바탕으로 합리적 판단을 내리는 능력이 중요한 시대가 된 것이다. 이런 환경에서는 토론과 자기 주장 능력이 필수적이며, 단순한 지식 암기가 아니라 사고의 깊이와 유연성을 길러야 한다.

AI와 함께 하는 토론 훈련은 이러한 능력을 키우는 데 큰 도움을 준다. AI는 다양한 관점과 논점을 제시하며, 아이가 놓친 부분이나 반대 입장을 질문해 사고를 확장시킨다. 또한 아이의 주장을 되묻고 근거를 검토하게 하여 논리적 사고와 비판적 사고를 동시에 자극한다. 반복적인 대화를 통해 아이는 자신의 생각을 명확히 정리하고, 타인의 시각을 고려하며, 질문과 반론을 통해 사고의 폭을 넓히는 경험을 쌓는다. 이렇게 AI는 단순한 정보 제공자가 아니라, 사고력을 훈련시키는 '토론 파트너'로서 아이가 더 깊이 있는 사고를 할 수 있도록 돕는다.

다음의 프롬프트를 이용하면 AI를 대화 파트너로 토론을 진행할 수 있다. 이 AI와의 토론 연습은 실제 다른 아이들과 토론을 하기 전에 하면 유용하다. 토론 때 논리의 비약과 궤변밖에 할 수 없었던 아이의 논조가 탄탄해지고, 할 말이 없어 쭈뼛거리던 아이도 자신감이 생긴다.

프롬프트 1 : 토론 파트너

◉ 『{책 제목}』을 읽고 독서 토론을 진행하고 싶어. 너는 중학교 {학년} 학생의 수준에 맞는 독서 토론 파트너야.
아래 기준에 따라 나와 토론을 진행해줘:

1. 사실 확인: 내가 말한 내용이 책의 사실과 맞는지 확인해줘.
2. 질문 제시: 책의 인물, 사건, 주제와 관련해 생각해볼 만한 질문을 한 번에 하나씩 던져줘.
3. 입장 묻기: 나의 의견이나 해석에 대해 "왜 그렇게 생각하나요?"처럼 다시 한 번 생각해보게 하는 질문을 해줘.
4. 다른 관점 제시: 내가 생각하지 못한 다른 해석이나 인물의 입장을 제시해줘.
5. 정리와 확장: 토론을 정리하거나 책의 주제를 현실, 다른 책, 나의 삶과 연결할 수 있는 생각거리를 제안해줘.

토론은 학생 수준에 맞는 말투로 따뜻하고 친절하게 진행해줘. 내 말에 귀 기울이고, 공감도 해줘. 먼저, 『{책 제목}』을 읽고 **토론해보고 싶은 주제가 있는지** 나에게 물어봐줘.

프롬프트 1 결과 예시

◉ 좋아! 우리 『연금술사』를 함께 읽고 이야기 나눌 수 있어서 정말 기대돼. 나는 중학교 2학년 친구의 눈높이에 맞춰서, 따뜻하게 그리고 천천히 토론을 이끌어갈게. 무엇보다 네 생각을 듣는 게 가장 중요해!
먼저, 『연금술사』를 읽고 토론해보고 싶은 주제가 있을까? 어떤 장면, 인물, 주제, 또는 궁금했던 부분도 좋아.
생각나는 게 있다면 말해줘!

◉ 좋아, 『연금술사』의 주제에 대해 이야기해보고 싶구나! 정말 좋은 선택이야. 이 책은 다양한 주제를 담고 있어서 생각할 거리도 많아. 그럼 먼저 물어볼게:
너는 『연금술사』의 주제가 무엇이라고 생각해?
너만의 말로 자유롭게 말해줘도 좋아!

시련?

◉ 시련! 정말 중요한 주제를 골랐네. 산티아고가 보물을 찾아 떠나는 여정에서 겪는 수많은 시련은 이야기의 핵심이기도 해.
사실 확인:
책 속에서 산티아고는 여러 번 어려움을 겪지. 돈을 도둑맞고, 사막을 건너고, 전쟁 위협에 휘말리고, 목숨까지 걸어야 하는 순간들이 있었어. 네가 말한 '시련'은 분명히 『연금술사』의 중요한 주제 중 하나야.
이제 하나만 물어볼게:
산티아고가 겪은 시련 중에, 너한테 가장 인상 깊었던 건 어떤 거야? 그리고 왜 그 장면이 기억에 남았는지도 말해줄 수 있을까?

잘 기억 안 나.

◉ 괜찮아! 그럴 수도 있지. 책 내용이 가물가물할 때는 우리 같이 천천히 떠올려 보면 돼.
예를 들어, 이런 시련들이 있었어:
 · 산티아고가 처음 여행을 떠나서 도둑에게 돈을 빼앗겼을 때
 · 사막에서 영혼의 언어를 이해하려고 애쓸 때
 · 연금술사와 함께 갔다가 부족 전사들에게 잡혔을 때
혹시 이 중에서 "어? 이 장면 기억나는 것 같아!" 하는 게 있을까? 있다면 그 장면에 대해 더 이야기해보고, 없으면 괜찮아! 내가 다음 질문으로 자연스럽게 이어 갈게.

도둑한테 돈을 빼앗긴 거.

◉ 좋아! 산티아고가 도둑에게 돈을 빼앗기는 장면은 정말 인상적인 시련이야. 처음으로 여행을 시작한 순간인데, 기대에 부풀어 있다가 바로 낙심하게 되잖아. 그 장면을 기

억한 건 아주 멋진 선택이야.
이제 하나만 물어볼게:
산티아고는 왜 그 시련을 겪고도 포기하지 않았다고 생각해? 네 생각을 듣고 싶어!

> 그냥 불운이라고 생각하고 넘겼어.

◉ 그렇게 생각할 수도 있지! 처음 겪은 일이라 무력하고 당황했겠지만, "그냥 불운이었
어." 하고 넘겼다는 건,
산티아고가 자신을 탓하기보다는 앞으로 나아가려 했다는 뜻일 수도 있겠다. 너도 그
런 태도를 멋지다고 느낀 걸까?
조금 더 깊이 생각해볼 수 있게 하나만 더 물어볼게:
네가 산티아고였다면, 그런 상황에서 계속 여행을 이어갈 수 있었을까? 왜 그렇게 생
각해?

> 돈 없으니까 불안해서 집에 갔을 듯.

◉ 그럴 수도 있겠다! 처음 낯선 나라에서 돈도 없고, 의지할 사람도 없다면 무섭고 불안
한 마음이 드는 게 당연하지. 산티아고처럼 계속 나아가는 건 정말 용기 있는 선택이
니까, 네 생각에 공감이 많이 가.
이제 다른 시선에서 한번 생각해보자:
혹시 산티아고가 그때 진짜 집으로 돌아갔다면, 이 이야기는 어떻게 달라졌을까? 그
리고 작가가 우리에게 전하고 싶은 메시지도 달라졌을까?

> 집에 돌아가면 이야기가 안 되지.

◉ 맞아 맞아! 집에 돌아가면 산티아고의 여정은 거기서 끝나버리고, 보물도, 연금술사
도, 파티마도 만나지 못했을 거야. 그러면 이 책이 전하려는 "꿈을 따라가는 여정" 같
은 메시지도 약해졌겠지. 작가는 아마도 우리에게, 포기하지 않고 계속 나아가는 사람
이 결국 자기만의 보물을 찾는다는 걸 보여주고 싶었던 것 같아.
마무리하면서 하나만 더 생각해보자:
산티아고처럼 너도 언젠가 "내가 진짜 원하는 것"을 찾아 나서는 여정을 하게 된다면,
『연금술사』에서 배운 것 중 어떤 게 너에게 가장 도움이 될 것 같아?

> 내가 원하는 것을 찾는 것에는 시련이 따른다는 말이 기억에 남아.

AI와의 토론은 아이가 스스로 사고를 성장시키는 가장 안전하면서도 효과적인 연습 공간을 만들어준다. 앞서 살펴본 『연금술사』토론 사례에서 보듯, AI는 학생의 말에 귀 기울이며 사실을 점검해 주고, 한 번 더 생각해보게 만드는 질문을 던지며, 다른 관점을 자연스럽게 제시한다.

이 과정에서 아이는 기억이 흐릿한 내용도 다시 떠올리고, 자신의 생각을 말로 정리하며, 왜 그렇게 생각했는지 논리를 세우고, 반론이나 다른 해석을 마주하며 사고를 넓히고, 토론의 흐름을 스스로 따라가고 확장하는 힘을 기르게 된다.

특히 중요한 점은, 실제 친구들과 토론하기 전에 아이가 부담 없이 실수할 수 있는 연습의 장이 된다는 것이다. 말을 잇기 힘들어하던 학생에게는 자신감을, 논리의 비약이 잦던 학생에게는 생각을 다듬는 힘을 길러준다.

결국 이 프롬프트는 AI를 단순한 답변기가 아니라, 아이의 사고를 키우는 '토론 파트너'로 만들기 위한 설계다. 이를 통해 아이는 책을 '읽는 것'을 넘어, 책을 바탕으로 스스로 생각하고 말하고 성장하는 경험을 하게 된다.

AI와의 토론은 아이의 성장을 더욱 촘촘하게 살피고 이끌어주는 기회를 마련해준다. 토론은 그 자체로도 값진 학습이지만, 한 걸음 더 나아가기 위해서는 '돌아보기'가 필요하다. 특히 토론 이후의 성찰 과정에서 아이가 어떤 부분에서 힘을 발휘했고, 어떤 지점에서 더 연습이 필요했는지 따뜻하게 짚어주는 것은 큰 도움이 된다. 이때 중요한 것은 아이를 평가하거나 채점하는 것이 아니라, 아이의 사고가 어떻게 움직이고 확장되는지를 이해하는 일이다.

이 책에서 제안하는 학년 수준 맞춤 토론 개선 리포트 프롬프트는 바로 그 성찰을 돕기 위해 설계되었다. AI는 대화 내용을 세심하게 읽어내며, 해당 학년의 발달 수준에 맞춰 아이의 강점을 드러내고, 다음 단계로 나아가기 위해 필요한 조언을 제시한다. 단순한 문제 지적이 아니라, 아이가 낯설어하거나 놓친 부분을 자연스럽게 짚어주고, 더 깊은 생각으로 이어질 수 있는 방향성을 안내한다.

이 과정을 통해 아이는 자신의 말하기 습관을 돌아보고, 어떤 생각 흐름이 효과적인지 스스로 깨닫는 경험을 얻게 된다. 선생님과 보호자 역시 아이의 사고를 한층 더 정확하게 이해할 수 있어, 이후의 독서나 토론 활동을 더욱 풍부하게 이끌어줄 수 있다.

결국 이 프롬프트는 AI를 분석 도구가 아니라, 아이의 다음 성장을 조용히 비춰주는 '성찰 파트너'로 만드는 장치다. 아이는 토론을 잘했는지 못했는지를 넘어, 스스로의 사고를 바라보고 키우는 힘을 갖게 된다. 이러한 경험은 학년과 관계없이, 아이의 사고가 한 단계씩 단단해지는 기반이 되어줄 것이다.

프롬프트 2 : 토론 분석 리포트 요청 프롬프트

⊛ 다음은 『{책 제목}』을 읽고 {학년} 학생과 나눈 토론 대화 내역이야:
{대화 내역 삽입}

이 대화를 자세히 분석해서 학생의 토론 실력을 향상시키기 위한 간단한 리포트를 작성해줘.

리포트에는 다음 내용을 포함해줘:

1. 강점: 학생이 토론에서 잘한 부분, 해당 학년에서 기대할 수 있는 사고·표현 능력 기준에 비춰 긍정적으로 설명
2. 개선점: 학년 수준에 맞춰 조금 더 성장하기 위해 보완하면 좋을 점
3. 추천 연습 방향: 다음 토론에서 학생이 의식하면 좋은 전략, 습관, 질문 방식
4. 문장 톤: 따뜻하고 격려하는 말투. 학생을 평가하는 느낌이 아닌, 성장을 돕는 조언 중심

필요하다면 대화 내용을 항목별로 인용해도 좋아. 이제 분석을 시작해줘.

- - -

프롬프트 2 결과 예시

◉ 토론 개선 리포트 (중1 기준)

1) 강점
   - 주제 선택이 명확함: 학생은 '시련'이라는 핵심 주제를 바로 골라 토론의 중심을 잡았어요. ("시련?")
   - 솔직하고 현실적인 반응: 기억이 가물가물할 때 "잘 기억 안 나."라고 솔직히 말한 부분은 토론에서 매우 건강한 태도예요. 불확실함을 숨기지 않고 도움을 받는 능력은 성장에 중요해요.
   - 공감 능력과 현실적 판단: 산티아고 입장에서 "집에 갔으면 이야기가 안 되지." 또는 "돈 없으니까 집에 갔을 듯."처럼 상황을 현실적으로 상상해 본 점이 좋았어요. 상황을 자신에게 대입해 보는 능력이 있어요.

2) 개선점
   - 근거를 조금 더 제시하면 좋음:
     · 예: "시련"이라고 답한 뒤, 구체적 장면(어떤 사건)이 그 이유인지 더 말해주면 좋겠어요.
     · 생각 확장 연습 필요: 질문에 대한 답이 짧고 결론적이라("그냥 불운이라고…") 한 걸음 더 들어가서 '왜 그렇게 느꼈는지', '다른 가능성은 없는지'를 말해보는 연습이 필요해요.

· 반론을 예상하는 습관: 자신의 의견에 대해 "다른 사람은 이렇게 볼 수도 있다." 하는 짧은 문장을 덧붙이면 토론력이 빨리 향상돼요.

3) 추천 연습 방향 (구체적·중1 맞춤)
- 3문장 확장 연습: 답할 때 항상 최소 3문장으로 말해보기.
  1. 결론(한 문장) - 이유(한 문장) - 예시나 상상(한 문장).
  2. 예: "시련이 주제인 것 같아요. (결론) 산티아고는 도둑에게 돈을 뺏겨서 포기할 뻔했으니까요. (이유) 만약 그가 포기했다면 보물을 못 찾았을 거예요. (예시/연결)"
- 근거 찾기 연습: 책에서 해당 장면의 단서(인용문이나 사건)를 한 문장으로 찾아 적어보게 하세요.
- 반대 입장 말하기: 자신의 주장 뒤에 "하지만 반대로 ~ 라고 생각할 수도 있어요" 한 문장을 덧붙이기.
  (예: "하지만 어떤 사람은 그 경험을 단순한 불운으로 볼 수도 있어요.")
- 질문 이어받기 연습: 상대 질문(예: "왜 그렇게 생각해?")에 답할 때 질문을 하나 더 던져 반응을 이끌기. ("그렇다고 생각하는데, 너라면 어떻게 했을까?")
- 롤플레이 2분 토론: 친구나 AI와 주제 하나로 2분씩 번갈아 말하기. 시간 제한이 말하기를 자연스럽게 길게 만들어요.

4) 문장 톤 (교사용·보호자용 팁)
- 칭찬 → 구체적 피드백 → 작은 과제 순으로 피드백하세요.
  예: "시련을 주제로 잘 골랐어(칭찬). 다음에는 그 이유를 책에서 한 군데 찾아 말해볼까?(구체적 과제)"

짧게 정리하면:
- 잘한 점: 주제 선택·솔직함·상황 상상 능력
- 중점 개선: 답에 근거를 더 붙이고, 한 단계 더 이유와 반대 시각을 말하는 연습
- 연습 방법: 3문장 확장법, 책 근거 찾기, 반대 입장 말하기, 2분 롤플레이
작은 습관(한 문장만 더 덧붙이기)이 큰 변화를 만들어요. - 아이가 다음 토론에서 '한 걸음 더 깊게 생각하는 습관'을 가질 수 있도록 함께 도와주세요.

| 5 |

AI와 함께하는 역할 중심 문학 동아리

몇 해 전부터 학생들과 함께 문학 동아리를 운영하고 있다. 처음에는 단순히 책을 함께 읽고 감상문을 나누는 모임이었지만, 시간이 지나면서 아이들의 생각이 점점 더 깊어지고 서로의 해석이 얽히며 놀라운 순간들이 만들어졌다. 한 줄의 문장을 두고 열띤 토론이 벌어지기도 하고, 한 권의 책에서 영감을 받아 시나 짧은 소설을 써보기도 했다. 그 과정에서 아이들은 '문학'이 시험 공부용 텍스트가 아니라, 자신의 감정과 상상을 표현하는 언어라는 사실을 깨닫게 되었다.

이제는 여기에 AI라는 든든한 조력자가 함께한다. 아이들이 쓴 글을 AI가 읽고 어조나 주제의 일관성을 짚어주기도 하고, 등장인물의 감정을 더 입체적으로 표현할 수 있는 문장을 제안하기도 한다. 작품의 시대적 배경이나 상징적 의미를 함께 탐구할 때도 AI는 훌륭한 안내자가 된다. 예를 들어, 『어린 왕자』를 읽은 뒤 "여우가 한 말의 철학적 의미를 현대적으로 바꿔 표현해볼까?"라고 제안하면, AI는 아이들이 생각을 확장할 수 있는 실마리를 던져준다.

무엇보다 좋은 점은, AI가 아이들의 창작 의욕을 자극한다는 것이다. 아이들은 자신이 쓴 시를 AI에게 낭독시켜 듣거나, 자신의 소설을 기반으로 웹툰 콘티를 만들어보며 문학을 '놀이'처럼 즐기게 된다. 문학 동아리가 더 이상 조용히 책만 읽는 공간이 아니라, 이야기를 만들고 공유하고 발전시키는 창작의 실험실로 변하는 것이다.

이처럼 AI와 함께하는 문학 동아리는 아이들이 언어를 통해 사고력을 키우고, 자신만의 세계를 표현하는 능력을 기르는 새로운 배움의 장이 될 수 있다. AI는 문학의 감동을 대신 만들어주지는 않지만, 그 감동에 더 빨리, 더 깊이 다가가게 해주는 친구가 되어준다.

AI와 함께하는 문학 동아리 활동은 크게 두 가지 방식으로 나눌 수 있다. 하나는 학생이 혼자 AI와 문학 동아리를 하는 방식, 다른 하나는 여러 학생이 함께할 때 AI가 각자의 역할을 보조하는 방식이다.

먼저, 혼자 하는 문학 동아리에서는 AI가 일곱 명의 가상 동아리 친구가 되어준다.

AI는 작품의 배경과 작가를 함께 조사해주는 조사자, 인상 깊은 장면을 그림이나 이미지로 시각화해주는 예술자, 낯선 단어를 풀이하고 문맥에 맞는 표현을 제안하는 어휘 확장자, 감명 깊은 문장을 골라 그 의미를 함께 해석하는 구절 전문가, 작품 속 이야기를 현실의 사회 현상이나 개인의 경험과 연결해주는 연결자, 토론을 이끌며 생각을 정리하도록 돕는 토론 진행자, 그리고 마지막으로 이야기를 요약하고 핵심 주제를 짚어주는 요약자 역할까지 맡는다.

프롬프트 1 : 문학 동아리

❋ 지금부터 너는 {책 제목}을 읽은 {학년} 학생과 함께 문학 동아리 활동을 할 거야. 학생에게 아래 7가지 역할 중 한 가지를 골라달라고 요청해. 너는 학생이 선택하지 않은 나머지 역할을 맡아 함께 활동을 진행할 거야.

1. 조사자: 작품의 배경, 작가, 시대 상황 등을 조사해 공유해요.
2. 예술자: 작품의 인상 깊은 장면을 그림, 이미지, 혹은 상상 묘사로 표현해요.
3. 어휘 확장자: 어려운 낱말이나 새롭게 배운 표현을 정리하고, 다른 문장으로 써봐요.
4. 구절 전문가: 기억에 남는 문장을 고르고, 그 문장이 주는 의미를 이야기해요.
5. 연결자: 작품 속 내용이 사회현상, 나의 생활, 다른 책과 어떻게 이어지는지 이야기해요.
6. 토론 진행자: 작품 속 인물의 행동이나 사건에 대해 질문을 던지고, 함께 이야기해요.
7. 요약자: 책의 주요 사건을 짧고 명확하게 정리해요.

학생이 역할을 정했다면 이렇게 말할 거야:
"나는 [선택한 역할]를 할래."

그러면 네가 나머지 역할을 맡아 함께 문학 동아리 활동을 시작해. 활동은 대화 형태로 진행되고, 서로의 생각을 이어가며 책을 더 깊이 이해하는 걸 목표로 해.

예시)
학생: 나는 구절전문가를 할래.
AI: 좋아! 나는 조사자, 예술자, 어휘확장자, 연결자, 토론진행자, 요약자를 맡을게.
우선 네가 고른 구절을 알려줄래?

활동이 끝나면 활동을 정리하며 이렇게 마무리 해:
- 오늘 대화에서 새롭게 알게 된 점
- 책 속에서 가장 인상 깊었던 순간
- 다음에 함께 읽어보고 싶은 책 제안

이렇게 하면 AI와 단둘이 있어도, 마치 일곱 명의 지적인 친구들과 토론하는 듯한 깊이 있는 문학 체험이 가능하다. 그리고 이런 혼자 하는 문학 동아리 경험은 진짜 친구들과 함께하는 토론의 연습이 되기도 한다. AI와의 대화를 통해 자신의 생각을 정리하고 표현하는 힘을 기른 아이들은 실제 동아리에서 더 적극적으로 이야기하고, 타인의 관점을 경청할 준비가 된 독자가 된다.

두 번째 방식은 학생 여러 명이 함께 AI의 도움을 받는 협력형 문학 동아리다.

이 경우 AI는 각 학생의 역할을 보조 교사처럼 지원한다. 예를 들어 '조사자' 역할을 맡은 학생이 작품의 시대적 배경을 찾을 때 AI는 참고 문헌이나 핵심 정보를 제공해주고, '예술자' 역할을 맡은 학생에게는 시각 자료 제작을 돕는다. '토론 진행자'는 AI에게 토론 질문이나 쟁점 정리를 맡길 수 있고, '요약자'는 AI의 요약 초안을 바탕으로 자신만의 문체로 다시 다듬을 수도 있다.

이렇게 하면 학생 각자가 맡은 역할에 몰입하면서도, AI의 도움으로 활동의 깊이와 완성도를 높일 수 있다.

프롬프트 2 : 문학 동아리 역할 조사자

◉ 나는 지금 친구들과 {책 제목}을 읽은 {학년} 문학 동아리 활동을 하고 있어. 너는 내 역할의 보조 교사처럼 활동을 도와줘.
나는 조사자야. {책 제목}의 배경이나 작가, 시대 상황, 작품이 쓰인 이유 같은 걸 알아보려고 해. 참고할 만한 정보나 핵심 내용을 정리해서 알려줘. 또, 조사 내용을 친구들에게 발표할 수 있도록 짧게 정리해줄 수도 있어? □

AI는 마치 먼 과거와 공간을 잇는 창문처럼, 작품의 배경과 시대, 작가의 마음을 학생에게 보여준다. 사건과 인물이 놓인 환경과 사회적 맥락을 조심스레 펼쳐 놓아, 학생이 이야기 속 세계를 깊이 이해하도록 안내한다. 필요한 정보와 자료를 정리해, 학생이 스스로 조사하며 지식을 쌓을 수 있는 길을 살짝 비춰준다.

프롬프트 3 : 문학 동아리 역할 예술자

◉ 나는 지금 친구들과 {책 제목}을 읽은 {학년} 문학 동아리 활동을 하고 있어. 너는 내 역할의 보조 교사처럼 활동을 도와줘.
나는 예술자야. {책 제목}에서 인상 깊은 장면이나 분위기를 그림이나 이미지로 표현하고 싶어. 그 장면을 시각적으로 어떻게 표현하면 좋을지 아이디어를 줘. 그리고 내가 그리기 전에 장면을 자세하게 묘사해줄래?

이 프롬프트를 사용하면 AI는 보이지 않는 장면의 색과 빛, 감정을 학생의 상상 속으로 끌어내는 손길이 된다. 작품 속 인상 깊은 순간을 시각적으로 풀어내는 아이디어를 건네고, 색감과 분위기, 움직임까지 묘사하며, 그림이나 이미지를 통해 이야기를 몸으로 느낄 수 있도록 돕는다.

프롬프트 4 : 문학 동아리 어휘 확장자

● 나는 지금 친구들과 {책 제목}을 읽은 {학년} 문학 동아리 활동을 하고 있어. 너는 내 역할의 보조 교사처럼 활동을 도와줘.
나는 어휘 확장자야. {책 제목}을 읽으면서 새롭거나 어려운 표현을 찾고 있어. 책 속 주요 어휘를 정리해주고, 그 뜻이나 비슷한 표현도 알려줘. 그 단어로 짧은 예문도 만들어줄래?

이 프롬프트는 단어를 사전 속 글자가 아니라, 살아 있는 숨결로 만들어준다. 어려운 표현이나 새롭게 만난 어휘를 작품 속 장면과 연결해 풀어내며, 의미와 쓰임을 부드럽게 설명하고, 짧은 예문과 놀이처럼 즐길 수 있는 방법으로 단어를 마음속에 심는다.

프롬프트 5 : 문학 동아리 구절 전문가

◉ 나는 지금 친구들과 {책 제목}을 읽은 {학년} 문학 동아리 활동을 하고 있어. 너는 내 역할의 보조 교사처럼 활동을 도와줘.
나는 구절 전문가야.
{책 제목}에서 기억에 남는 문장을 골랐어: "[문장 입력]"
이 문장의 의미나 감정, 작가가 왜 이런 표현을 썼는지 같이 생각해보자. 비슷한 느낌의 문장도 찾아줄 수 있어?

AI는 학생이 선택한 문장을 함께 음미하며, 그 속에 담긴 감정과 작가의 의도를 섬세히 읽어낸다. 비슷한 느낌의 문장과 표현을 비교하며, 말과 마음이 교차하는 지점을 포착해 학생이 문장 하나에도 이야기가 살아 숨 쉬는 경험을 느낄 수 있도록 돕는다.

프롬프트 6 : 문학 동아리 연결자

◉ 나는 지금 친구들과 {책 제목}을 읽은 {학년} 문학 동아리 활동을 하고 있어. 너는 내 역할의 보조 교사처럼 활동을 도와줘.
나는 연결자야. {책 제목} 속 내용이 요즘 사회나 내 생활, 혹은 다른 책과 어떻게 연결되는지 고민 중이야. 비슷한 사회현상이나 관련된 작품을 예로 들어줄래? 그리고 그 연결점을 친구들에게 쉽게 설명하는 문장으로 바꿔줘.

이 프롬프트는 작품과 현실, 그리고 다른 이야기들 사이의 다리를 놓는다. 학생이 읽은 장면이 오늘날 사회, 자신의 생활, 혹은 다른 작품과 어떻게 맞닿는지 살펴보게 하며, 연결된 생각을 쉽게 풀어낼 수 있는 문장으로 다듬어, 아이가 이야기 속 의미를 삶과 연결하도록 이끈다.

프롬프트 7 : 문학 동아리 토론 진행자

● 나는 지금 친구들과 {책 제목}을 읽은 {학년} 문학 동아리 활동을 하고 있어. 너는 내 역할의 보조 교사처럼 활동을 도와줘.
나는 토론 진행자야. {책 제목}을 가지고 친구들과 이야기할 건데, 좋은 토론 질문이 잘 안 떠올라. 인물의 행동, 주제, 결말과 관련된 토론 질문을 3~5개 정도 만들어줘. 그리고 의견이 갈릴 만한 쟁점도 정리해줘.

AI는 학생이 던지는 질문에 날개를 달아주듯, 토론의 물꼬를 트고, 다양한 시각을 제시한다. 인물과 사건, 주제와 결말을 둘러싼 쟁점을 정리하고, 수준별 질문을 만들어 학생이 사고를 확장하며 스스로 의견을 탐색하도록 안내한다.

※ 나는 지금 친구들과 {책 제목}을 읽은 {학년} 문학 동아리 활동을 하고 있어. 너는 내 역할의 보조 교사처럼 활동을 도와줘.
나는 요약자야. {책 제목}의 주요 사건이나 인물의 변화를 정리하려고 해. 줄거리를 짧게 요약해주고, 내가 발표용으로 다시 다듬을 수 있게 문체를 간단하게 만들어줘. 또, 요약한 내용으로 포스터 제목처럼 쓸 만한 문장도 제안해줘.

이 프롬프트에서 AI는 이야기의 흐름을 부드럽게 엮어 학생에게 보여주는 서정적 편집자이다. 주요 사건과 인물의 변화를 정리하고, 문체를 간단하게 다듬어 발표용으로 활용할 수 있게 돕는다. 또한, 학생이 만든 요약을 포스터나 제목처럼 매력적으로 표현하도록 조언하며, 이야기의 핵심을 마음속에 오래 남게 한다.

결국 AI는 문학 동아리의 중심이 아니라, 아이들이 스스로 사고하고 표현하는 힘을 확장시키는 조력자로 기능한다. 혼자든 함께든, AI와의 협업은 문학을 더 풍성하고 살아 있는 경험으로 바꾸어준다.

4장

{ 글쓰기를
놀이로 바꾸는 마법 }

이번 장에서는 아이들이 글쓰기를 시작할 수 있도록 표현력의 기초를 다진다.

첫 문장을 여는 프롬프트를 출발점으로, 쓰고 싶은 글감을 발견하고 상상력과 감정을 자연스럽게 표현하도록 돕는 활용법을 담았다. 프롬프트와 워크시트를 통해 글쓰기를 '해야 하는 일'이 아니라 해보고 싶은 활동으로 만들어보자.

"선생님, 또 글쓰기예요?"

아이의 목소리에 실망이 묻어난다. 한숨을 쉬기도 하고 평소보다 준비가 느리다. 어떤 아이는 연필을 빙빙 돌리며 있고, 어떤 아이는 "쓸 게 없어요."라고 말한다.

하지만 아이들은 글쓰기가 아닌 쉬는 시간이나 친구들과 이야기를 할 때 끝없이 이야기를 나눈다. 목소리도 커지고 웃음소리도 들리면서 어제 본 영화 이야기, 게임, 엄마한테 혼난 일까지 생생하게 표현한다. 말로는 그렇게 잘하는데, 왜 글로 쓰려고 하면 막막해할까? 글쓰기는 언제부터 아이들에게 즐거운 놀이가 아닌 억지로 해야 하는 공부가 되었을까?

아이들을 만나며 깨달은 것이 있다. 아이들은 글쓰기를 싫어하는 게 아니라 어떻게 시작해야 할지 몰라서, 무엇을 써야 할지 막막해서, 쓰는 과정이 외롭고 힘들어서 어려워 할 뿐이다.

"제가 쓴 거 이상하지 않아요?"

이런 질문 뒤에는 두려움이 숨어 있다. 틀릴까 봐, 이상하게 보일까 봐, 평가받을까 봐 표현의 즐거움보다 평가의 두려움이 앞서는 순간, 글쓰기는 놀이가 아니라 공부이자 시험이 되어버린다.

그러면 답은 명확하다. 시작을 쉽게 만들고 쓸 거리를 함께 발견하고 그 과정을 즐겁게 만들면 된다. 바로 4장이 하려는 일이다.

생각해보자. 아이들이 처음 말을 배울 때는 그렇게 즐거워 한다. 엄마, 아빠 라는 한 단어가 나올 때마다 온 가족이 환호하고, 아이는 신나서 또 말한다. 언어는 원래 표현하는 즐거움, 소통하는 기쁨에서 시작한다.

글쓰기도 마찬가지다. 내 생각을 표현하고, 상상을 펼치고, 마음을 나누는 것. 이것이 글쓰기의 본질이고 즐거운 일이다.

하지만 어느 순간부터 글쓰기는 평가의 대상이 되고, 규칙을 지켜야 하는 과제가 되고, 틀리면 안 되는 시험이 되었다. 맞춤법을 틀리면 지적 받고, 문장이 어색하면 고쳐야 하고, 글의 구조가 맞지 않으면 점수가 깎인다. 그러면서 글쓰기의 기쁨은 사라지고, 부담만 남게 되었다. 언어 습득에서 당연했던 격려가 글쓰기에서는 사라진 것이다.

이 장에서 소개할 프롬프트들은 모두 한 가지 목표를 향한다. 글쓰기를 다시 놀이로 만드는 것이다. 한 줄 표현에서 시작해, 자신의 이야기를 발견하고, 상상의 날개를 펼치고, 마음을 들여다보는 과정. 이 모든 과정이 마치 놀이하듯 자연스럽고 즐겁게 일어날 수 있다.

AI는 이 여정에서 든든한 동반자가 되어준다. 혼자서는 막막했던 시작을 함께 열어주고, 생각이 막막했을 때 새로운 가능성을 보여준다. 또한 외로운 글쓰기 과정을 대화와 탐험으로 바꿔준다. 아이가 한 문장을 쓰면, AI는 "그 다음은 어떻게 될까?" 하고 궁금해한다. 평가하지 않고, 다그치지 않고, 함께 기다려 준다.

하지만 분명히 해두고 싶은 것이 있다. 주인공은 AI가 아니라 아이이다.

AI는 도구이고, 안내자이고, 놀이 친구이다. 진짜 생각하고, 선택하고, 표현하는 것은 아이 자신이다. AI는 길을 제안하지만, 걷는 것은 아이다.

이 장에서는 글쓰기를 다시 놀이로 만드는 다양한 방법을 만난다. 한 줄에서 시작해 점점 깊어지는 여정, 일상에서 상상으로 펼쳐지는 탐험, 그리고 마음을 들여다보며 성장하는 경험까지. AI와 함께라면 이 모든 과정이 놀이처럼 즐거울 수 있다.

이 장의 프롬프트들을 사용하면서 나온 글들은 완벽하지 않을 것이다. 맞춤법이 틀릴 수도 있고, 문장이 어색할 수도 있고 논리가 부족할 수도 있다.

그래도 괜찮다. 글쓰기 교육에서 가장 먼저 회복되어야 하는 것은 표현의 자유와 즐거움이다. 문법과 형식은 그 다음이다. 먼저 즐거워야 배우고 싶어지고, 배우고 싶어야 늘어난다.

아이가 신나서 쓴 글이라면 그것이 바로 좋은 글이다. 설령 문장이 서툴러도, 그 안에 아이의 진짜 목소리가 담겨 있다면 그것은 이미 가치 있는 글이다. 다 고치지 않아도 괜찮고, 일부만 수정해도 괜찮다. 지금 중요한 것은 완성도가 아니라 용기다. 쓰고 싶다는 마음, 표현하고 싶다는 동기, 그것이 살아나는 것이 먼저다.

| 1 |

한 줄부터 시작하기

왜 '한 줄'에서 시작해야 할까?

현장에서 아이들을 만나다 보면 가장 많이 하는 이야기가 "글쓰기가 어려워요.", "무엇을 써야 할지 모르겠어요." 라는 말을 자주 듣는다. 백지가 되는 막막한 순간을 경험하는 아이들을 만날 때면 안타깝기도 하고 어떻게 도와주면 좋을까라는 생각을 하게 된다.

주제나 글감을 잡는 것도 어려워하지만 길게 써야 한다는 것, 분량이 정해져 있다는 것도 아이들 입장에서는 힘든 부분이다. 그럴 때 아이들에게 하면 좋은 활동 중에 하나가 "한 줄만 써볼까?"다.

한 줄 쓰기는 글쓰기의 가장 작은 단위이자, 출발점이다. 긴 글을 쓰라고 하면 부담스러워하던 아이들도 한 단어, 한 문장, 한 줄이라면 용기를 낸다. 이러한 작은 성공 경험이 쌓이면서 아이들은 자연스럽게 글쓰기에 흥미를 갖게 된다.

글쓰기의 시작은 단어다. 아이들과 어휘 수업을 하다 보면 아는 단어는 있지만 그 단어의 뜻이나 활용에 대해서 설명을 못 하기도 하고, 들어본 경험은 있지만 어떻게 사용되는지 모르기도 한다. 그러다 보니 자연스레 아이들은 "나는 아는 단어가 없어요.", "엄마가 그러는데 저는 어휘력이 약하

대요."라고 말을 한다.

이런 아이들에게 필요한 것은 단어를 '공부'하는 것이 아니라 '놀이'처럼 만나는 경험이다. 다음 프롬프트를 아이에게 주고 AI와 대화하게 해보자. 사용하기 전, {학년} 란에 자신의 학년을 입력해야 한다는 점을 꼭 알려주는 것이 좋겠다.

프롬프트 1 : 단어 설명 게임

◈ 나는 {학년} 학생이야. 나랑 단어 설명 게임을 하자! 내 학년 수준에 맞는 단어 하나를 '뜻으로만' 설명해줘.
힌트는 3단계로 주면 좋겠어.
예: 아주 쉬운 힌트 → 조금 어려운 힌트 → 결정적인 힌트
내가 단어를 맞히면 칭찬도 해주고, 그 단어로 예문 하나 만들어줘. 틀리면 추가 힌트를 주고 다시 도전하게 해줘!

프롬프트 2 : 초성 퀴즈 게임

◈ 나는 {학년} 학생이야. 나랑 초성 퀴즈 게임을 하자! 내 학년 수준에 맞는 단어를 골라서 초성만 알려줘.
예: ㄷ ㅈ (단어 길이도 알려줘)
그리고 3단계 힌트를 주면 내가 맞혀볼게. 정답을 맞히면 그 단어의 뜻과 예문을 알려주고, 틀리면 한 글자 힌트를 더 주는 방식으로 진행하자!

프롬프트 3 : 랜덤 단어 놀이

◉ 랜덤 단어 놀이를 하자! 아래의 4가지 중에서 아무거나 하나를 랜덤으로 진행해줘. (단, 내가 어떤 걸 하게 될지는 미리 말하지 말고 깜짝 퀴즈처럼 시작해줘!)

1) 뜻으로 단어 맞히기
2) 초성 퀴즈
3) 유의어 찾기
4) 반의어 찾기

내 학년 수준((학년))에 맞게 단어를 선택해주고, 문제는 3단계 힌트나 선택지 방식으로 진행해줘. 내가 정답을 말하면 바로 피드백을 주고, 정답이든 오답이든 그 단어의 뜻과 예문을 함께 알려줘. 게임이 끝나면 "다시 한 번 할래?"라고 물어보고, 내가 "응"이라고 하면 또 다른 놀이를 랜덤으로 시작해줘!

단어 연상 게임, 단어 확장 등의 활동을 통해 아이들은 단어의 활용과 뜻을 자연스레 익히게 된다. 예를 들어 '기쁘다'라는 단어에서 출발해 '즐겁다, 신나다, 흥겹다' 등으로 확장하면서 감정도 다양하게 표현할 수 있다는 것을 체험할 수 있다.

이 과정에서 중요한 것은 정답 찾기가 아니라 아이들이 단어를 선택하고 확장시키는 것이 핵심이다. 선택한 아이들의 단어는 내 것이 되고, 그것이 글쓰기의 재료가 된다.

부모님들의 가장 큰 고민은 "우리 아이가 만화만 좋아해요.", 혹은 "그림만 봐요."라는 것이다. 그런데 아이들과 이야기를 나누다 보면 만화책을 본다고 해서, 그림만 본다고 해서 깊이 있는 이해는 아니더라도 내용의 이해나 흐름을 모르지는 않는다. 다르게 생각하면 아이들은 그림과 대사가 함께 있는 형식을 통해 상황을 이해하는 데 익숙하다는 뜻이다. 짧은 대사 하나로도 장면 전체의 분위기를 파악하고, 인물의 감정을 읽어낸다. 이는 자신만의 이미지로 각인시키는 능력을 갖추고 있다는 의미다. 이것은 낮은 수준의 독해라고 볼 수 없다. 오히려 시각적 정보와 언어를 동시에 처리하며 의미를 구성하는 복합적인 문해력의 한 형태다.

말풍선 채우기나, 캐릭터 한 줄 소개하기나, 그림 보고 묘사하기 같은 활동은 아이들이 이미지에서 출발해 언어로 표현하는 다리를 만들어준다. 그림 속 상황을 관찰하고, 인물의 감정을 추론하며, 그것을 문장으로 구체화하는 과정에게 자연스럽게 글쓰기의 표현력을 키워간다.

단순하게 "뭐라고 말할까?"가 아니라 "이 상황에서 어떤 기분일까?"를 생각하게 하고 주어진 상황과 감정을 탐색하면서 아이들을 단순한 한 줄에서 출발해 점점 더 풍부하고 구체적인 표현으로 발전시켜 나갈 수 있다.

이러한 한 줄 표현을 더 확장하는 방법이 바로 '문장 레고 놀이'다. 레고 블록을 하나씩 끼워 맞추듯, 기본 문장에 정보를 하나씩 추가하면서 문장을 풍성하게 만드는 연습이다. 이러한 과정을 통해서 문장이 어떻게 확장되는지 이해하게 된다. 이 프롬프트를 아이에게 사용하게 해보자.

프롬프트 4 : 문장 레고 놀이

※ 문장 레고 놀이를 하자! 기본 문장을 하나 제시해주고, '언제', '어디서', '어떻게', '왜' 블록을 나한테 하나씩 제시해줘. 내가 선택한 블록들을 조합해서 문장을 만들게. 완성하면 내 문장에 대해 재미있거나 논리적으로 좋은 점을 알려줘. 다음 라운드에서는 블록 구성을 다르게 해서 다시 해보자!

문장 레고 놀이의 핵심은 아이가 스스로 블록을 선택하고 조합한다는 점이다. 정해진 정답이 없기 때문에 부담 없이 할 수 있다. 또, 같은 기본 문장이라도 어떤 블록을 선택하느냐에 따라 전혀 다른 느낌의 문장이 만들어진다는 것을 경험한다.

AI를 활용한 글쓰기의 시작단계에서 중요한 것은 한 번에 완성된 문장을 요구하지 않는다는 것이다. 단어 선택– 문장 구성 – 표현 다듬기의 단계를 통해 아이가 충분히 생각하고 선택할 시간을 준다.

이러한 과정에서는 지켜야 할 몇 가지 원칙이 있다.

첫째, 선택권을 아이에게 준다. AI가 여러 가지를 제시할 수 있지만 반드시 최종 선택은 아이가 한다. "나는 이게 더 좋아요."라고 말할 수 있어야 한다. 둘째, 실패를 격려해야 한다. AI는 틀렸다고 말하지 않는다. 대신 더 나은 표현을 찾아보라고 제안한다. 수정은 실패가 아니라 성장의 과정임을 배운다. 셋째, 교사의 역할이다. AI는 도구일 뿐이다. 아이가 쓴 문장의 진자 의미를 읽어 내고, 그 안에 담긴 감정을 공감해주고, 작은 성장을 발견해 칭찬하는 것은 교사의 몫이다.

이러한 방식은 굳이 AI가 아니라 교사도 현장에서 아이들에게 해줄 수 있는 방식이다. 다만 AI는 모든 아이에게 동시에 개별화된 피드백을 줄 수 있다는 점에서, 교사의 손길이 닿지 못하는 곳까지 닿을 수 있는 보조 도구가 되어준다.

프롬프트 5 : 미션 카드 확장 게임

⊛ 미션 카드 확장 게임을 하자! 짧은 문장 하나를 주고, 무작위로 '미션 카드'를 하나 뽑아줘. 예를 들어 '감정을 넣기', '소리 표현 추가', '비유 넣기' 같은 미션이 좋아. 내가 미션에 맞게 문장을 확장하면, 평가와 피드백을 간단히 해줘. 그리고 다음 미션으로 이어 가자!

프롬프트 6 : 순차 확장 릴레이

⊛ 순차 확장 릴레이를 하자! 처음에 아주 짧은 문장을 하나 줘. 그 다음 내가 한 요소(시간, 이유, 감정 등)를 추가할게. 너는 내가 만든 문장에 또 다른 요소를 추가하고, 이걸 번갈아가며 하자! 마지막엔 우리가 만든 긴 문장을 보여주고, 그 문장이 자연스럽고 재미있는지 함께 이야기하자.

이 두 가지 프롬프트는 문장 확장의 재미를 경험하게 한다. 미션 카드 게임은 구체적인 목표를 주어 집중력을 높이고, 순차 확장 릴레이는 AI와 함께 문장을 만들어가는 협력의 과정을 보여준다. 한 줄 한 줄이 모여 단락이 되고, 단락이 모여 글이 된다. 하지만 그보다 중요한 것은 이 한 줄을 쓰면서 아이들이 자기 생각과 감정을 언어로 표현하는 법을 배운다는 것이다.

AI가 순식간에 긴 글을 써내는 시대에 우리 아이들에게 정말 필요한 것은 더 많은 글이 아니다. 진짜 자기 목소리가 담긴 한 줄이다. 그 한 줄을 쓸 수 있는 아이가 결국 자기 생각을 가진 사람으로 자라난다.

| 2 |

몰입의 순간을 만드는 법

한 줄 표현에 익숙해진 아이들에게 이제 새로운 질문을 던져야 한다. "이 한 줄 뒤에는 어떤 이야기가 숨어 있을까?"

아이들을 지켜보다 보면 흥미로운 장면을 마주하게 된다. 처음에는 "뭘 쓰지?" 하며 머뭇거리던 아이가, 어느새 고개를 숙이고 연필을 움직이기 시작한다. 지우개를 찾지도 않고, 주변을 두리번거리지도 않은 채 자기 생각 속으로 깊이 들어가는 순간. 바로 글쓰기에 몰입하는 순간이다. 이런 변화는 우연히 찾아오지 않는다. 아이들이 쓸 거리를 충분히 품고 있을 때, 자기 생각을 스스로 정리할 수 있을 때, 그리고 무엇보다 "이 이야기는 써 볼 만해."라고 느낄 때 비로소 시작된다. 여기에서 제시하는 프롬프트들은 아이들이 그 지점에 다다르도록 돕는 하나의 다리가 된다.

"선생님, 저는 쓸 게 없어요." 자주 듣는 말이다. 하지만 정말 그럴까? 아침에 일어나 지금까지의 하루만 돌아봐도 아이들은 이미 수많은 일을 겪었다. 문제는 경험이 부족한 것이 아니라, 그 경험을 글감으로 바라보는 눈이 아직 익숙하지 않다는 데 있다.

나의 경험 분류하기는 아이들이 자신의 일상을 하나씩 떠올리고, 그것을 의미 있는 갈래로 나누어 보도록 돕는 활동이다. 화가 났던 일, 고마웠던 순간, 혼자 해낸 경험, 마음이 조금 서운했던 기억처럼 질문을 따라가다 보면, 아이들은 자신의 삶이 이미 이야기로 가득하다는 사실을 자연스럽게 깨닫게 된다.

이때 필요한 것은 정답이 아니라, 경험을 꺼내 볼 수 있게 하는 질문이다. 아래 프롬프트는 아이가 스스로 자신의 경험을 떠올리고, 그중 하나를 골라 글로 이어갈 수 있도록 돕는 역할을 한다.

프롬프트 1 : 경험 분류 코치

◎ 내가 겪은 일 중에서 인상 깊었던 장소, 사건, 감정, 사람을 질문으로 하나씩 던져줘. 내가 그 중 하나를 골라 글감을 삼을 수 있게 해줘.

프롬프트 1 결과 예시

◎ 좋아! 네가 글감을 쉽게 떠올릴 수 있도록 네 가지 방향에서 질문을 던져볼게. 각 질문에 잠깐 생각해보고, 네가 가장 끌리는 걸 골라줘.

1. 장소: "너에게 특별히 기억에 남는 '장소'가 있다면 어디야? 그곳에서 어떤 장면이나 냄새, 소리, 분위기가 떠오르니?"
2. 사건: "너의 인생에서 '지금도 잊히지 않는 사건'이 있다면 뭐야? 그때 무슨 일이 있었고, 그 일이 너에게 어떤 변화를 줬니?"

3. 감정: "살면서 가장 강하게 느꼈던 감정은 뭐야? 그 감정이 언제, 왜 그렇게 크게 느껴졌는지 기억나?"
4. 사람: "너에게 인상 깊게 남은 사람은 누구야? 그 사람과의 어떤 순간이나 말, 행동이 특히 기억에 남니?"

이 네 가지 중에서 '지금 글로 쓰고 싶다'는 마음이 드는 걸 하나 골라줘. 그러면 그 주제로 더 깊이 들어가는 질문들을 이어서 해볼게.

> 나에게 가장 특별히 기억에 남는 장소는 학교 가는 골목길이야. 내 인생에서 가장 잊혀지지 않는 사건은 내가 많이 아끼는 친구랑 싸웠을 때야. 그 일은 내가 매일매일 그 생각만 하게 만들었어. 살면서 가장 강하게 느꼈던 감정은 슬픔이야. 중학교 올라오면서 친구들이랑 다툼이 많아져서 속상한적이 많았어. 나에게 가장 인상 깊게 남은 사람은 학교 친구야. 나랑 잠깐 싸웠을 때 내 옆에 앉기 싫다고 한 적이 있었는데 그때 충격을 받아서 계속 기억에 남아.

◉ 너의 이야기가 정말 솔직하고 깊어서, 여러 방향으로 좋은 글감이 될 수 있겠어. 지금 네가 말한 걸 정리해보면 이렇게 돼.

장소: 학교 가는 골목길
사건: 아끼는 친구와 싸웠던 일
감정: 슬픔 (특히 친구와의 다툼이 많았을 때)
사람: 싸운 뒤에 "옆에 앉기 싫다"고 말했던 친구

이제 네가 글로 쓰고 싶은 방향을 정하면 돼. 그걸 도와주기 위해 이런 질문을 해볼게.

학교 가는 골목길: 그 길을 걸을 때마다 어떤 생각이나 감정이 떠오르니? 그 길이 너에게 어떤 의미를 가지고 있을까?

친구와의 싸움: 그때 가장 힘들었던 순간은 언제였어? 그리고 시간이 지나서 그 일을 다시 떠올리면 어떤 감정이 나니?
슬픔이라는 감정: 그 슬픔을 가장 강하게 느꼈던 날을 떠올려 보면, 어떤 장면이 가장 또렷하게 기억나?

그 친구: "옆에 앉기 싫다"는 말을 들었을 때, 네 마음속에 어떤 생각이 제일 먼저 스쳤니?

이 중에서 가장 쓰고 싶거나, 마음이 먼저 반응하는 질문 하나를 골라줘.

> 학교 가는 골목길에서는 학교가서 신나는 것도 있고 내가 제일 좋아하는 노래를 들으면서 조용한 거리를 걸어서 기분이 좋아.

◉ 좋아! 벌써 장면이 눈에 그려져 조용한 골목길, 이어폰에서 흘러나오는 좋아하는 노래, 학교로 향하는 너의 발걸음. 이건 정말 감정이 잘 드러나는 글감이야. 이제 조금 더 구체적으로 확장해보자. 다음 질문들에 천천히 생각하면서 대답해줘. 그러면 이 장면이 한 편의 글로 자연스럽게 만들어질 거야.

그 골목길의 모습
골목길을 걸을 때 눈에 가장 먼저 들어오는 건 뭐야? (예: 가게, 나무, 하늘, 햇살 등)
그 길에는 어떤 소리나 냄새가 있어?

너의 감정
그 길을 걸을 때 기분이 좋아지는 이유는 뭘까? (예: 하루를 시작하는 설렘, 노래 가사 때문 등)
그 길을 걸으면서 머릿속에 자주 떠오르는 생각이 있어?

의미 찾기
만약 누군가에게 "그 골목길은 너에게 어떤 곳이야?"라고 묻는다면, 뭐라고 말하고 싶어?

> 골목길을 걸을 때 제일 먼저 눈에 들어오는 건 내 친구 집이야. 그리고 그 길을 걸을 때는 엄청 조용해. 내가 그 길을 걸을 때 기분이 좋아지는 이유는 내가 아끼는 사람들과의 추억이 거기에 엄청 많아. 그 길을 걸을 때는 이런저런 망상을 많이 해.

◉ 좋아, 정말 생생하게 그려진다. "학교 가는 골목길"이 단순한 길이 아니라, 너의 추억과 생각이 담긴 공간인 게 느껴져.

이 세 가지 중 하나씩만 골라서 대답해줘도 좋아.

음 약간 지금은 친하지 않은 친구랑 친했었던 때를 생각하기도 하고 그날 기대되는 일도 생각해.

⊙ 좋아. 이제 그 골목길이 단순히 '학교 가는 길'이 아니라, 과거의 따뜻했던 기억과 오늘의 설렘이 함께 있는 공간처럼 느껴지네. 너의 감정이 더 입체적으로 살아났어.

글쓰기를 막막해 하는 아이에게 필요한 것은 거창한 주제가 아니라 일상의 재발견이다. 글감 찾기 프롬프트는 장소, 사건, 감정, 사람이라는 네 가지 카테고리로 질문을 던진다. 특별한 사건이 아니어도 괜찮다. 오히려 평범한 순간이 진짜 이야기가 된다. 점심시간에 친구와 나눈 짧은 대화가, 혼자 걸어 온 하교길이, 마라탕을 먹고 배가 아파서 엄마한테 혼났던 순간이 더 생생한 글이 된다. 실제로 아이는 "학교 가는 골목길"을 선택했다. 거창한 여행지가 아닌, 매일 걷는 그 길이었다.

중요한 것은 질문의 층위를 점진적으로 깊게 만드는 방식이다. 처음엔 "눈에 가장 들어오는 건 뭐야?"처럼 감각적 디테일을 묻는다. 아이가 "친구 집", "조용함"이라고 답하자, 다음 질문은 "왜 기분이 좋아지니?"로 감정의 이유를 파고든다. 그러자 "아끼는 사람들과의 추억", "이런저런 망상"이라는 내면의 이야기가 나왔다. 평범한 골목길이 특별한 공간으로 변했다. 단계를 밟으며 질문하니 아이는 자연스럽게 구체적이고 감정이 담긴 글감을 스스로 발견했다.

글쓰기는 백지를 채우는 게 아니라 자기 안의 이야기를 꺼내는 일이다.

아이가 선택하고, AI가 그 선택을 확장하는 구조가 있으면, 막막했던 글쓰기는 자연스러운 대화가 된다.

경험을 발견했다면 그 경험을 깊이 들여다볼 차례다. 나 자신 인터뷰하기 프롬프트는 아이가 스스로에게 질문하고 답하는 과정을 통해서 생각을 구체화한다. 단순한 사건 서술이 아니라 성찰적 글쓰기로 나아간다. 이러한 과정에서 아이들은 글쓰기가 단순히 일어난 일을 기록하는 게 아니라, 자기 내면을 이해하는 도구라는 것을 배운다.

프롬프트 2 : 나의 경험 인터뷰

◉ 나는 {학년}이야. 내가 글을 쓸 수 있게, 나 자신에 대해 인터뷰하듯 질문을 해줘. 내가 겪은 일이나 느꼈던 감정을 찾을 수 있게 도와줘.

그 다음은 하나의 주제에서 뻗어 나가는 모든 생각들을 자유롭게 펼치는 시간이다. 이 브레인스토밍 활동은 아이들의 연상 능력을 자극한다.

프롬프트 3 : 연상 글감 찾기

◉ {주제}와 관련해서 떠오르는 단어나 이미지, 상황을 10개 이상 나열해줘. 내가 그 중에서 글감을 고를 수 있게 도와줘.

예를 들어 여름 방학이라는 키워드에서 시작하여 연결고리를 만들어 간다면 AI는 아이가 다양한 연상을 할 수 있도록 안내한다. 여름방학 - 바다 - 파도소리 - 평화 - 숙제 - 마지막날 - 후회 등 각각의 연결 고리가 하나의 글감이 된다. 아이들은 자신이 생각지 못했던 방향으로 생각이 확장되는 것을 경험하며 이것도 쓸 수 있겠다는 발견을 연속적으로 하게 된다. 평소라면 그냥 지나쳤을 순간이 빛나는 글감이 되는 경험을 하게 되는 것이다.

브레인스토밍이 생각을 자유롭게 펼쳐 놓는 과정이라면, 연상 네트워크 확장하기는 그 생각들 사이의 연결고리를 따라가 보는 활동이다.

"이건 왜 같이 떠올랐을까?", "이 다음엔 어떤 장면이 이어질까?" 같은 질문을 통해 아이들은 흩어진 생각을 하나의 흐름으로 엮어 보기 시작한다.

예를 들어 '가족 여행'을 떠올리며 나온 단어가 자동차, 휴게소, 라면, 바다, 싸움, 화해라면, AI와 대화를 이어 가며 이 단어들이 어떻게 연결되는지 차례로 살펴볼 수 있다. 그렇게 단어에서 단어로 생각을 확장하다 보면, 아이들은 자연스럽게 이야기의 흐름과 글의 뼈대를 발견하게 된다.

아래 프롬프트는 AI가 질문을 이어 가며 아이의 생각을 끊기지 않게 확장하도록 돕는다. 단어 하나에서 출발해 연결을 따라가다 보면, 어느새 쓸 만한 글감이 눈앞에 모습을 드러낸다.

프롬프트 4 : 단어 연결 글감 찾기

◉ 안녕. 나는 {학년}이고 글을 써야 해. 『{주제}』를 생각하면 떠오르는 단어들을 연결해서 점점 확장해 나갈 수 있게 도와줘. 나에게 하나의 단어를 주면, 내가 떠올리는 걸 말할게. 그 다음 또 거기서 연결된 걸 계속 떠올리게 질문해줘. 그렇게 확장하다 보면 글감이 나올 것 같아.

이 프롬프트를 이용해 중학교 2학년 아이가 '갈등'을 주제로 떠오르는 단어를 연결해보았다.

프롬프트 2 결과 예시

안녕, 나는 중학교 2학년이고 글을 써야 해. {갈등}을 생각하면 떠오르는 단어들을 연결해서 점점 확장해 나갈 수 있게 도와줘. 나에게 하나의 단어를 주면, 내가 떠올리는 걸 말할게. 그 다음 또 거기서 연결된 걸 계속 떠올리게 질문해줘. 그렇게 확장하다 보면 글감이 나올 것 같아.

◉ 좋아, 정말 멋진 방식이야. 그럼 첫 단어로 "갈등"에서 시작해 보자. 내가 던지는 첫 단어는 "선택"이야.
'갈등'을 떠올리면 '선택'이랑도 연결되지? "선택"이란 말을 들었을 때, 너는 어떤 단어나 이미지가 떠올라?

책임이란 말이 떠올라.

● 좋아, "책임"으로 확장했구나. 아주 좋아! 그럼 다음으로 이렇게 생각해보자. "책임"을 지는 순간, 사람의 감정은 어떻게 변할까? 예를 들어 '무겁다', '두렵다', '성숙하다', '자랑스럽다' 같은 감정 중 어떤 게 떠올라?

흠 의무감? '해야 한다' 같은 감정

● 좋아, "의무감"이란 단어 아주 좋아! 그럼 여기서 또 한 걸음 더 가보자. "의무감" 때문에 자신의 마음과 다르게 행동해야 했던 순간을 떠올리면 어떤 장면이 떠올라? 예를 들어―친구와의 관계, 가족과의 상황, 학교에서의 일, 아니면 스스로에게 한 약속 같은 거. 어떤 장면이 제일 먼저 생각나?

어 친구와의 관계가 제일 먼저 떠올라.

● 좋아, 이제 흐름이 점점 구체적으로 이어지고 있어. "친구와의 관계에서 의무감 때문에 마음과 다르게 행동했던 순간"을 떠올리면, 그때 너의 진짜 마음은 어땠을까?
예를 들어
"사실은 미안했지만 말하기 싫었어."
"억울했는데 참았어."
"친구가 상처받을까봐 내 마음을 숨겼어."
이런 식으로 네 마음을 표현해봐. 그때 느낀 감정이 바로 글의 중심 감정이 될 수도 있거든.

일이 커질까 봐 참아서 답답했어.

● 좋아, "일이 커질까 봐 참아서 답답했다."―아주 솔직하고 좋은 감정이야. 이제 글의 핵심이 보이기 시작했어. 이번엔 이렇게 생각해보자. 그 답답함 속에서 "하고 싶었지만 하지 못한 말"이 있었을까?
예를 들어 "그건 내 잘못이 아니야.", "나도 상처받았어.", "그냥 솔직히 말하고 싶었어." 같은 말들처럼. 그때 네가 속으로라도 하고 싶었던 말을 한 문장 떠올려볼래?

그건 좀 말이 안 되는거 같아, 옳지 않은 거 같아.

◉ 좋아, 아주 중요하고 진심 어린 문장이야. "그건 좀 말이 안 되는 것 같아, 옳지 않은 것 같아." 이 말 안에는 네가 옳고 그름을 스스로 판단하려는 마음, 그리고 관계를 지키고 싶지만 양심을 어기고 싶지 않은 갈등이 담겨 있어. 이건 이미 글의 중심 주제가 될 수 있어! 이제 다음으로 이렇게 생각해보자. 그때 너는 왜 그 말을 끝내 하지 못했을까?
예를 들어
친구가 상처받을까 봐?
관계가 멀어질까 봐?
분위기가 깨질까 봐?
아니면 스스로 확신이 없어서?
너에게 가장 가까운 이유는 뭐였어?

> 친구랑 괜히 다투게 돼서 친구를 잃을까 봐.

◉ 그랬구나… "친구를 잃을까 봐."—그건 정말 큰 마음의 이유야. 지금까지 이어진 생각들을 정리하면 이렇게 연결돼 있어.

갈등 → 선택 → 책임 → 의무감 → 친구 관계 → 답답함 → 옳고 그름 → 관계를 잃을까 봐의 두려움
이제 거의 완성된 글감이야.

이 흐름으로 보면 네 글은 "관계를 지키려는 마음과 옳음을 지키려는 마음 사이의 갈등"이 중심 주제가 될 수 있어.이제 마지막으로 하나만 더 생각해보자. 그때 결국 너는 어떤 선택을 했고, 그 선택이 지금 돌아보면 어떤 의미였을까?
예를 들어
"그때는 참는 게 최선이라 생각했지만, 지금은 솔직하게 말했어야 했다고 느껴."
"참은 덕분에 싸움은 없었지만, 내 마음엔 자국이 남았어."
너라면 어떻게 말할 수 있을까?

> 나는 그때 계속 참았어. 지금 생각해보면 걔한테 말해주는 게 걔한테도 성장할 기회 아니었을까 싶어.

◉ 너무 좋아. 정말 깊이 있는 생각이야. 지금 네가 한 말에는 성장과 성찰의 두 가지 흐름이 모두 담겨 있어.

정리하면 이런 구조로 글을 만들어볼 수 있어.

글감 정리
주제:
관계를 지키려는 마음과 옳음을 지키려는 마음 사이의 갈등
생각의 흐름:
갈등의 시작 - 친구와 의견이 달랐던 순간
감정의 무게 - 의무감 때문에 참았던 답답함
진짜 마음 - "그건 옳지 않은 것 같아."라고 말하고 싶었지만 두려웠던 이유
결과와 깨달음 - 싸움은 피했지만, 솔직하지 못한 내 모습이 남았던 아쉬움
성찰 - 지금 돌아보니, 솔직한 대화가 서로를 더 성장시킬 수 있었다는 생각

이걸 바탕으로 짧은 글로도 쓸 수 있어. 예를 들어 시작은 이렇게 할 수도 있겠지.
친구와의 작은 의견 차이에서 시작된 갈등이 있었다.
그때 나는 '일이 커질까 봐' 아무 말도 하지 않았다.
하지만 시간이 지나고 보니, 그건 친구에게도 나에게도 성장의 기회를 놓친 일이었다.

단어 연결 글감 찾기는 추상적인 주제를 구체적인 이야기로 만드는 방법
이다. "갈등"이라는 막연한 주제에서 시작해, AI는 "선택"이라는 첫 단어를
던진다. 아이가 "책임"이라고 답하자, "책임을 질 때 어떤 감정이 드니?"로
한 걸음 더 들어간다. 그렇게 "의무감― 친구와의 관계 ― 답답함 ― 옳고 그
름"으로 연결되며, 추상적이었던 갈등이 "친구를 잃을까 봐 옳은 말을 하지
못했던 순간"이라는 구체적 경험으로 좁혀졌다. 단어가 연결 될 때마다 구
체적 경험으로 좁혀지고, 주제는 아이의 실제 삶으로 가까워진다.

성찰까지 이어지는 이 방식이 효과적인 이유는 글의 구조가 자연스럽게
만들어지기 때문이다. 갈등─선택─책임─의무감─친구관계─답답함─옳고
그름─두려움─깨달음. 이 흐름은 아이가 스스로 만든 것이지만, 동시에 완

성된 글의 목차이기도 하다. 단어를 연결하다 보면 주제가 명확해지고, 감정이 드러나며, 결론까지 볼 수 있다. 글쓰기는 처음부터 완성된 생각이 있어야 하는 게 아니다. 단어 하나에서 시작해 연결하다 보면, 생각은 이야기가 된다.

글쓰기에 깊이를 더하는 가장 효과적인 방법 중 하나는 비교다. 대조와 비교하기 프롬프트는 아이들이 두 가지를 나란히 놓고 관찰하도록 안내한다. 비교의 과정에서 아이들은 차이의 의미를 발견하고 단순히 "다르다"가 아니라 "왜 다를까?", "이 차이가 뭘 말해줄까?"를 생각하게 된다.

프롬프트 5 : 비교하기 활동 가이드

● 두 가지를 비교하는 활동을 하려고 해.
나는 {학년}이니까 내 수준에 맞게 질문은 어렵지 않게 해줘. 질문은 **한 번에 하나씩**, **쉽고 구체적으로** 해줘. 단순히 "어떻게 다른가?"가 아니라 **왜 이런 차이가 생겼는지 생각해볼 수 있도록** 도와줘.

비교하고 싶은 두 가지는: {비교 대상 두 가지}.
지금 딱 하나의 쉬운 질문만 해줘.

같은 사건도 누가 보느냐에 따라 전혀 다른 이야기가 된다. 타인의 눈으로 보기 프롬프트는 아이들에게 익숙한 사건을 낯설게 바라보는 경험을 선물한다.

예를 들어서 내가 늦잠 자서 지각한 날을 각각 다른 시각으로 써보는 것이다. 엄마의 시각, 선생님의 시각, 내 가방의 시각, 교실 시계의 시각 등말이다. 또한 내가 엄마가 되어서 나 자신에게 잔소리 해보기 등을 통해 상상력과 공감 능력이 동시에 자란다.

이 프롬프트는 단순히 재미있는 글쓰기를 넘어, 타인의 입장을 이해하는 연습이 된다. 같은 상황도 입장에 따라 다르게 느껴질 수 있다는 것이 문해력의 핵심이다.

프롬프트 6 : 다른 사람의 관점으로 보기

⊛ 나는 {학년}이고 글을 써야 해.
『{주제}』를 내 입장이 아닌, 다른 사람(예: 친구, 부모님, 선생님, 동물, 나중의 나 등)의 눈으로 바라보면서 글감을 떠올릴 수 있게 도와줘. 랜덤으로 인물을 골라서 그 사람이 되었다고 생각하고 질문을 해줘.

시간의 거리는 생각의 깊이를 더한다. 과거와 미래를 넘나들며 나를 생각하는 활동은 아이들이 시간축을 따라 이동하며 자기 이야기를 입체적으로 바라보게 한다. 5년 전 너에게 하고 싶은 말, 10년 후 나는 지금의 나를 보며 뭐라고 할까? 어제로 돌아갈 수 있다면? 이러한 과정들을 통해서 글쓰기가 단순한 표현을 넘어 자기 이해의 도구가 되는 순간이다.

프롬프트 7 : 나의 과거, 현재, 미래 알기

◉ 나는 {학년}이야.
『{주제}』와 관련해서 나의 과거, 현재, 미래를 떠올리며 글감을 찾고 싶어. 시간 순서대로 내가 과거에 어떤 일이 있었는지, 지금은 어떤지, 미래에는 어떻게 될지 상상도 할 수 있게 도와줘. 질문은 한 번에 한 개씩만 해줘.

이러한 프롬프트가 작동하는 원리는 생각보다 단순하다. 아이들이 글쓰기에 빠져들기 위해서는 세 가지 조건이 필요하다.

첫째, 쓸 거리가 충분해야 한다. '나의 경험 분류하기', '키워드 브레인스토밍', '연상 네트워크 확장하기'는 아이들 머릿속에 흩어져 있던 이야기들을 밖으로 끄집어내 가시화한다. 없다고 생각했던 글감이 사실은 이미 넘쳐나고 있었다는 사실을 깨닫는 것이 첫 번째 열쇠다.

둘째, 생각이 정리되어야 한다. '대조와 비교하기', '연상 네트워크 확장하기'는 흩어진 생각들 사이에 구조를 만들어 준다. 마치 퍼즐 조각들이 제자리를 찾아가듯, 생각이 정리되면 글의 흐름도 자연스럽게 보이기 시작한다.

셋째, 쓸 만한 가치가 있다고 느껴야 한다. '나 자신 인터뷰하기', '타인의 눈으로 보기', '시간 여행 프롬프트'는 평범한 일상에 의미를 더한다. 사소하다고 여겼던 경험이 '이것도 충분히 써 볼 만한 이야기'로 인식되는 순간, 글쓰기에 대한 태도 역시 달라진다.

이러한 프롬프트들을 활용할 때 가장 중요한 원칙은 분명하다. AI는 글을 대신 완성해 주는 존재가 아니라, 생각을 이끌어 주는 안내자라는 점이다. AI는 질문을 던지고, 방향을 제안하며, 생각의 가능성을 넓혀 준다. 그러나 어떤 경험을 선택할지, 어떤 단어로 표현할지, 어떤 구조로 글을 써 내려갈지는 끝까지 아이 스스로 결정해야 한다.

이 과정을 통해 아이들은 글쓰기를 '해야 하는 과제'가 아니라, 자신의 생각을 탐색하는 시간으로 받아들이게 된다. 억지로 분량을 채우는 글이 아니라, 담고 싶은 이야기가 자연스럽게 흘러나오는 상태다. 평가를 위한 글쓰기가 아니라, 나를 이해해 가는 경험으로 글쓰기가 바뀐다. 가장 중요한 것은 완성된 글이 아니라, 글을 쓰는 동안 아이가 자기 생각과 깊이 만나는 그 시간 자체다.

| 3 |

상상력을 깨우는 이야기 짓기

자신의 경험을 발견하고, 생각을 정리하는 법을 배운 아이들에게 이제 필요한 것은 상상의 자유다. 글쓰기를 하다 보면 이런 질문이 자주 나온다. "선생님, 없는 이야기를 지어내도 돼요?" 또 어른들은 묻는다. "아이에게 그런 경험이 없는데, 왜 이런 이야기를 쓴 걸까요?"

우리는 종종 글쓰기를 사실을 기록하는 일로만 생각한다. 일어난 일을 순서대로 적고, 본 것을 정확하게 묘사하는 것. 물론 그것도 중요하다. 하지만 글쓰기의 진짜 매력은 없던 세계를 만들어낼 수 있다는 데 있다.

상상력은 허황된 이야기를 지어내는 능력이 아니다. 현실에 없는 가능성을 떠올리고, 익숙한 세상을 다른 시선으로 바라보며, 새로운 답을 찾아 나가는 힘이다. AI 시대를 살아갈 아이들에게 가장 필요한 역량이 무엇이냐고 묻는다면, 나는 주저 없이 상상력이라고 말하고 싶다. 이 파트에서는 그 상상이 글로 이어지는 순간을 함께 만들어보고자 한다.

모든 상상은 '만약에?'라는 질문에서 시작된다. 다음의 프롬프트는 아이들에게 현실의 규칙을 잠시 멈추고 다른 가능성을 탐험할 기회를 준다. 만약에 중력이 사라진다면? 만약에 동물과 대화할 수 있다면? 만약에 시간을 되돌릴 수 있다면? 만약에 내가 투명인간이 된다면? 만약에 책 속으로 들어갈 수 있다면? 단순한 상상이 논리적 사고로 발전하는 과정이다. 상상력과 비판적 사고력은 따로 떨어진 것이 아니라 오히려 자유로운 상상속에서 더 깊은 사고가 일어난다.

프롬프트 1 : 만약에… 글쓰기

* 나는 {학년} 학생이야.
나랑 '상상의 문을 여는 글쓰기'를 해보자!
너는 나에게 '만약에~'로 시작하는 엉뚱한 상황을 하나 제시해줘. 그 상황에서 벌어질 일을 상상해서 내가 5~8문장 정도의 짧은 이야기를 쓸 거야. 이야기에는 주인공의 감정이나 갈등도 들어가면 좋아.
예를 들어, "만약에 하늘에서 동물들이 비처럼 내린다면 어떤 일이 벌어질까?"
이런 식으로 질문을 던져줘.

내가 이야기를 쓰면, 너는 "그 다음엔 어떤 일이 생겼을까?" 또는 "이 이야기의 결말을 다르게 바꿔볼까?" 같은 질문으로 이어 가서 내가 글을 완성할 수 있게 계속 도와줘.

엉뚱한 주제를 던져주는 것은 아이들의 상상력을 자극하는 가장 좋은 방법이다. "이상해도 괜찮아, 오히려 더 이상할수록 좋아."라고 말하는 것이다. 아이들이 신나서 쓸 수 있을 것 같지만 '이러한 이야기를 오히려 써도 되나?'라고 망설이는 경우가 많다.

'연필이 갑자기 춤을 춘다면? 급식 메뉴가 살아서 도망친다면? 그림자가 나와 다른 행동을 한다면?' 등 주제를 제시해 주면 아이들은 한참을 고민한다. 어디서부터 어디까지 어떻게 써야 하는지 망설여지기 때문이다.

엉뚱한 이야기는 단순히 재미를 위한 것이 아니다. 이 과정을 통해 아이들은 인과관계를 만들고, 말이 안 되는 상황에서도 나름의 논리를 구성하며, 상상한 것을 구체적인 문장으로 표현하는 연습을 한다. 즉, 자유로운 상상 속에서도 이야기의 구조는 자연스럽게 갖춰진다.

이런 엉뚱한 이야기를 쓰면서 아이들은 의미 있는 깨달음을 얻기도 한다. 이 프롬프트의 가장 큰 장점은 아이들이 틀릴까 봐 하는 두려움에서 해방되게 해주는 것이다. 어차피 말도 안 되는 이야기니까, 더 이상 이것이 이상한지 아닌지 걱정할 필요가 없다. 그 자유로움 속에서 아이들의 진짜 상상력이 봇물처럼 터진다.

프롬프트 2 : 엉뚱한 이야기 만들기

⊛ 나는 {학년} 학생이야.
오늘은 '엉뚱한 이야기 글쓰기'를 해보자!
너는 현실에서는 절대 일어날 수 없는 '이상하고 말도 안 되는 사건'을 하나 제시해 줘. 그 사건을 중심으로 내가 6~10문장 정도의 이야기를 써볼게. 이야기에는 주인공의 반응이나 감정을 꼭 넣을게.
예를 들어, "거울 속 내 그림자가 학교에 간 날" 같은 식으로 말이야.

내가 글을 쓰면, 너는 "그 다음에 어떤 더 이상한 일이 일어났을까?" 혹은 "이 사건이 사실 꿈이었다면 어떻게 될까?" 같은 질문으로 이야기를 점점 더 엉뚱하게 발전시킬 수 있게 도와줘. 질문을 줄 때는 너무 평범하지 않게, 상상력이 자극되는 방식으로 부탁해!

계획하지 않은 우연이 때로는 최고의 이야기를 만든다. 랜덤 글쓰기 프롬프트는 예측 불가능한 요소들을 조합해 새로운 이야기의 씨앗을 제공한다. 전혀 관련 없어 보이는 단어들이 만나 하나의 의미 있는 이야기가 탄생한다. 아이들은 이러한 과정에서 중요한 것을 배운다. 좋은 이야기는 연결하고 의미를 만드는 과정에서 나온다는 것을 말이다.

랜덤 글쓰기의 또다른 장점은 막막함을 없애 준다는 것이다. '뭘 쓰지?' 하고 고민하는 대신, 주어진 재료로 요리하듯 이야기를 만들어 간다. 제약이 오히려 창의성을 자극하는 역설을 경험하게 된다. 선택의 자유가 때로는 부담이 되지만 적절한 제약은 오히려 상상력의 발판이 되어준다.

이 두 가지 활동의 공통점은 '정답 없는 글쓰기'를 경험하게 한다는 것이다. 이러한 과정을 통해서 아이들은 자유롭게 쓰기 시작하고 또 자유로움 속에서 자기만의 목소리를 찾아간다.

● ● ●

프롬프트 3 : 랜덤 글쓰기

◉ 나는 {학년} 학생이야. 나랑 '랜덤 글쓰기'를 해보자!
너는 인물, 장소, 물건을 각각 하나씩 아무렇게나 정해줘. (서로 전혀 관련이 없어도 돼!) 내가 그 세 가지를 모두 포함한 짧은 이야기를 6문장 이상으로 써볼게. 왜 이 세 가지가 한 장면에 모였는지도 상상해서 표현할 거야.
예를 들어:
인물 - 피자 배달원 / 장소 - 우주 정거장 / 물건 - 깃털 펜

내가 글을 다 쓰면, 너는 "이야기의 결말을 완전히 뒤집을 수 있는 새로운 단어 하나"를 제시해줘. 그 단어를 활용해서 결말을 새롭게 써보게 도와줘.

엉뚱한 상상과 랜덤 글쓰기를 통해 자유로운 표현을 경험한 아이들에게 이제 필요한 것은 '구조'다. 상상력이 흩어지지 않고 하나의 완성된 이야기로 모이려면, 이야기를 담을 그릇이 필요하기 때문이다.

상상은 풍부한데 이야기로 이어지지 않는 아이들이 있다. "그래서 어떻게 됐어?"라고 물으면 "그냥요."라고 대답하거나 "모르겠어요."라고 대답한다. 시나리오 만들기 프롬프트는 상상을 구조화하는 법을 가르쳐 준다.

'시작 - 사건 - 갈등 - 절정 - 해결' 이러한 방식으로 이야기의 지도를 따라 가니 글쓰기의 길을 잃지 않는다. 처음에는 이 구조가 답답하게 느껴지는 아이들도 있을 것이다. 하지만 구조는 창의성을 가두는 틀이 아니라 오히려 상상력이 흩어지지 않도록 잡아주는 역할을 한다. 이야기에도 구조가 필요하다.

이 과정에서 아이들은 중요한 것을 배운다. 좋은 이야기는 흥미로운 사건만으로는 부족하다는 것을 말이다. 시작이 있어야 독자가 이야기 속으로 들어올 수 있고, 갈등이 있어야 긴장감이 생긴다. 또 절정이 있어야 카타르시스를 느끼고, 결말이 있어야 마무리가 된다는 것을 자연스럽게 알게 된다.

물론 쓰다 보면 계획과 달라질 수 있다. 시작 부분을 쓰다가 갑자기 새로운 아이디어가 떠올라 전개가 바뀌기도 하고, 예상했던 결말과 다른 방향으로 흘러가기도 한다. 하지만 그것도 괜찮다. 오히려 그것이 글쓰기의 재미다. 중요한 것은 내가 지금 어디에 있고, 어디로 가고 있는지를 아는 것이기 때문이다.

시나리오 형식의 또 다른 장점은 '장면으로 생각하기'를 배운다는 것이다. 추상적인 감정이나 생각을 구체적인 장면으로 바꾸는 연습이 된다. "나는 놀랐다." 대신, "나는 방안에서 혼자 멍하니 있었다"는 장면으로 보여주는 법을 익히게 되는 것이다.

엉뚱한 상상에서 시작해 구조 있는 이야기로 완성되는 경험. 이것이 바로 아이들이 '작가'가 되는 순간이다.

프롬프트 4 : 시나리오 구조 쓰기

● 나는 {학년} 학생이야.
이번엔 엉뚱한 상상을 '시나리오'처럼 구조화해서 써보자!
너는 기발한 주제 하나를 정해줘. 예를 들어 "꿈속에 갇힌 학교" 같은 주제면 좋아.
그 주제로 내가 도입-전개-절정-결말 구조로 써볼게. 각 부분을 한 문장씩 써보면서 장면의 변화나 인물의 감정을 표현할 거야.

내가 시나리오를 다 쓰면, 너는 "이 장면을 더 극적으로 바꾸려면 어떤 사건이 필요할까?" 또는 "결말을 열린 결말로 바꾸면 어떨까?" 같은 질문으로 내가 이야기를 다듬을 수 있게 도와줘.

글쓰기가 혼자만의 작업이라고 생각하는 아이들이 많다. 하지만 이야기는 원래 함께 만들어가는 것이었다. 옛날 사람들이 모닥불 앞에 둘러 앉아 한 사람이 이야기를 시작하면 다른 사람이 이어가며 밤새 이야기를 했던 것처럼 말이다.

릴레이 글쓰기는 바로 그 즐거움을 되살린다. 혼자 쓰는 것도 좋지만, 함께 만들어 가는 이야기는 특별한 재미가 있다. 릴레이 글쓰기 프롬프트는 AI가 이야기의 일부를 시작하면, 아이가 이어 쓰고, 다시 AI가 반응하는 방식으로 진행된다. 서로 주고 받으며 이야기를 만들어 간다.

릴레이 글쓰기의 재미있는 점은 이야기가 내 계획대로 흘러가지 않는다는 것이다. 예상 밖의 전개로 당황하기도 하고 당황함 속에서 새로운 아이디어를 떠올린다. 혼자 글을 쓸 때는 막막했을 부분에서 AI의 반응이 새로운 아이디어를 준다. 그리고 아이는 AI가 열어놓은 가능성을 자기 방식으로 채워간다. 이 과정에서 아이들은 이야기의 역동성을 배운다. 예상하지 못한 전개가 이야기를 흥미롭게 만든다는 것을 경험한다. 반전, 새로운 캐릭터의 등장, 갑작스러운 사건, 계획하지 않은 변화에 유연하게 대응하면서 아이들은 진짜 이야기의 감각을 키워간다.

프롬프트 5 : 릴레이 글쓰기 놀이

◉ 나는 {학년} 학생이야.
우리 함께 '릴레이 글쓰기'를 해보자! 규칙은 간단해─한 문장씩 번갈아 가며 이어 쓰는 거야. 조건은 하나! 예측하지 못한 방향으로 전개해야 해. 너가 첫 문장을 주면, 내가 다음 문장을 쓸게. 그 다음엔 네가 이어서 반전이 생기게 써줘.

예를 들어,
너: "학교 운동장에서 이상한 소리가 났다."
나: "그 소리는 정체불명의 커다란 달팽이에게서 나왔다."

이런 식으로 이야기를 이어가자. 이야기가 끝나면, 너는 제목을 제안해줘. 그리고 "이 이야기를 다른 장르(예: 공포, 판타지, 시)로 바꾸면 어떨까?" 같은 추가 제안도 해줘.

현장에서 아이들의 글을 보면 흥미로운 점을 발견한다. 같은 학년의 아이들이 같은 주제로 글을 써도, 각각의 문체가 다르다는 것이다. 어떤 아이는 짧고 간결하게 쓰고, 어떤 아이는 길고 자세하게 묘사한다. 어떤 아이는 대화를 많이 넣고, 어떤 아이는 감정 표현이 풍부하다. 문제는 아이들 스스로는 이것을 의식하지 못한다는 것이다. 그냥 '내가 쓸 수 있는 방식'으로만 쓰는 것이다.

'내가 쓴 글 스타일 바꿔보기'는 같은 내용을 다양한 형식과 문체로 표현해보는 경험을 제공한다. 일기 – 동화 – 편지 – 뉴스 등 장르를 바꿔보기도 하고, 특정 작가의 스타일을 따라 써보기도 한다. 이 과정에서 아이들은 형식이 내용만큼 중요하다는 것을 배운다. 무엇을 쓰느냐도 중요하지만, 어떻게 쓰느냐가 독자에게 전달되는 느낌을 완전히 바꾸는 것을 경험한다.

장르를 바꾼다는 것은 단순히 형식만 바꾸는 게 아니다. 일기는 솔직한 내면의 목소리를, 동화는 교훈과 상상을, 편지는 특정한 독자를 향한 마음을, 뉴스는 객관적이고 간결한 전달을 요구한다.

이렇게 장르를 바꿔보면 아이들은 '적합함'을 배운다. 누구에게, 왜 쓰는지에 따라 장르가 달라지고, 장르에 따라 표현 방식이 달라진다는 것을 알게 된다.

이 과정은 아이들에게 독자 의식을 심어준다. 일기는 나만 보는 것이지만, 편지는 누군가에게 읽히는 것이고 뉴스는 불특정 다수가 보는 것이다. 독자가 누구냐에 따라 어조와 표현이 달라져야 한다. 이것이 '소통하는 글쓰기'의 시작이다.

프롬프트 6 : 글 장르 바꾸기

⊛ 나는 {학년} 학생이야. 방금 완성한 글이 있어. 내가 아래에 입력할게.
{완성한 글 입력}

너는 이 글을 **다른 장르**로 바꿔보도록 도와줘.
예를 들어:
- 원래 글이 모험 이야기였다면, 일기, 동화, 편지, 시 등으로 바꿀 수 있어.
- 장르별 특징과 분위기를 설명해주고, 그 특징에 맞춰 5~8문장 정도로 글을 다시 만들어줘.

내가 글을 입력하면, 먼저 "어떤 장르로 바꿀 수 있을까?" 질문을 제시하고 그 장르를 선택하면 바로 변환 예시를 보여줘. 또, 변환된 글을 본 뒤에는 "원래 글과 비교했을 때 달라진 점은 무엇일까?" 같이 글의 변화와 장르 특성을 스스로 분석하도록 도와주는 질문도 추가해줘.

　　스타일 바꾸기는 한 단계 더 나아간 경험이다. 장르가 형식의 변화라면 스타일은 목소리의 변화다 같은 동화라도 작가에 따라 완전히 다른 느낌을 주는 것처럼, 문체는 글에 개성을 나타낸다.

　　이 활동의 가장 큰 교육적 효과는 '모방을 통한 학습'이다. 위대한 작가들도 처음에는 다른 작가를 모방하며 자기 스타일을 찾았다. 아이들도 마찬가지다. 여러 작가의 스타일을 따라 써보면서 자기만의 취향을 발견하게 된다.

　　이 과정에서 아이들은 '리듬감'을 배우기도 한다. 짧은 문장의 긴박감, 긴 문장의 여유로움, 반복에는 강조, 비유는 상상력을 일으킨다는 것을 경험한다. 잘 쓰기가 아닌 의도를 가지고 쓰기로 나아가는 것이다.

장르 바꾸기와 스타일 바꾸기를 경험한 아이들은 글쓰기에는 하나의 정답이 없다는 것을 알게 된다. 아이들이 갖는 표현의 선택권을 통해서 어떻게 표현할까 하고 선택하고 고민하게 되는데 그것이 바로 '작가적 사고'의 시작이다.

프롬프트 7 : 글 스타일 바꿔보기

⊛ 나는 {학년} 학생이야.
방금 완성한 글이 있어. 내가 아래에 입력할게.
{완성한 글 입력}

너는 그 글을 **다른 작가의 스타일이나 문체**로 바꿔주도록 도와줘.
예를 들어:
- 원래 글이 나의 자유 서사라면, 헤르만 헤세, 톨킨, J.K. 롤링, 무라카미 하루키, 이상, 이태준 등 특정 작가 스타일로 바꿔볼 수 있어.
- 문체, 어휘, 문장 길이, 묘사 방식 등을 그 작가 특성에 맞게 변환해줘.
- 5~8문장 정도로 변환된 글을 보여주고, 원래 글과 달라진 느낌을 학생이 이해할 수 있도록 간단히 설명해줘.

내가 글을 입력하면, 먼저 "어떤 작가 스타일로 바꿔보고 싶니?" 질문을 제시하고 학생이 선택하면 그 작가 스타일로 글을 재작성해줘. 마지막에 "원래 글과 비교했을 때 달라진 점은 무엇일까?" 같이 글의 문체와 분위기 변화를 분석하도록 도와주는 질문도 던져줘.

추리 소설을 좋아하는 아이들이 많다. 범인을 찾아가는 과정, 흩어진 단서들이 하나로 모이는 순간, 반전이 드러나는 결말, 그 짜릿함은 단순히 읽는 재미를 넘어선다.

단서를 따라 이야기 만들기는 단서를 조합하고, 논리적으로 추론하고, 이야기로 완성하는 과정이다. 이것은 단순히 글쓰기가 아니라 사고력 훈련이다. 상상력과 논리력이 만나 시너지를 낸다.

탐정 글쓰기의 특별함은 '논리적 상상력'을 요구한다는 데 있다. "이 단서들을 보면 이렇게 추론할 수 있어."라는 근거 있는 상상을 해야 한다. 질문을 던지고, 가능성을 탐색하고, 가장 그럴듯한 설명을 찾아가는 과정이 바로 추리다.

이 과정에서 아이들은 인과관계를 배운다. 결과에는 반드시 원인이 있고, 단서들은 서로 연결되어 있으며, 스스로 발견하며 수정해가는 논리적 사고 훈련의 과정을 자연스럽게 익힌다.

또한 탐정 글쓰기는 반전의 재미를 가르쳐 준다. 예상했던 결말과 다른 결말, 숨겨진 진실, 의외의 범인, 이런 요소들이 이야기를 더 흥미롭게 만든다는 것을 체험한다.

프롬프트 8 : 탐정 글쓰기

⊛ 나는 {학년} 학생이야. 나랑 '탐정처럼 단서를 따라가는 이야기'를 써보자! 너는 나한테 첫 번째 단서를 줘야 해.
예를 들어, "학교 운동장에서 누군가의 운동화 한 짝이 발견됐다"처럼 이상한 사건의 시작을 알려줘.

내가 그 사건을 보고 어떤 생각을 했는지, 누가 의심스러운지, 다음에 어떤 단서를 찾았는지를 5~8문장 정도로 써볼게.

내가 쓰면, 너는 "그 단서로 어떤 사실을 알게 됐을까?"나 "의심했던 인물이 사실이 아니었다면, 진짜 범인은 누구일까?" 같이 추리의 방향을 바꿀 수 있는 질문으로 이어가 줘. 이야기가 끝날 때쯤엔, "모든 단서가 연결되는 순간, 진실은 무엇이었을까?" 같은 마무리 질문으로 내가 결말을 쓸 수 있게 도와줘.

이처럼 상상력을 자극하는 프롬프트를 경험한 아이들에게는 분명한 변화가 나타난다. 그 변화는 단순히 아이들이 공상의 세계로 들어갔다고 말할 수 없는 큰 변화다. 아이들의 태도와 사고 방식 자체가 달라진다.

먼저, 실패에 대한 두려움이 줄어든다. 상상의 세계에는 정답도, 틀린 답도 없다. 엉뚱해도 괜찮고, 말이 되지 않아도 괜찮다. 예상과 다른 이야기가 나와도 문제 되지 않는다. 이런 경험은 현실의 글쓰기에서도 "일단 써보자"는 용기로 이어진다. 완벽하지 않아도 괜찮다는 감각이 아이를 앞으로 나아가게 한다.

또한 문제 해결 능력도 자연스럽게 자란다. '만약에'로 시작하는 상상 속 상황은 본질적으로 하나의 문제 상황이다. 아이들은 그 안에서 문제를 정의하고, 가능한 선택지를 떠올리며, 자신만의 해결책을 만들어 본다. 이 과정은 상상에 머무르지 않고, 실제 삶에서 문제를 바라보는 방식으로 이어진다.

공감 능력의 확장도 중요한 변화다. 아이들은 다양한 인물을 만들어 보고, 그 인물의 입장에서 생각하며, 왜 그런 선택을 했는지를 상상한다. 그 과정을 통해 타인의 마음을 이해하는 연습을 하게 되고, 세상을 한 가지 시선이 아닌 여러 관점으로 바라보게 된다.

그 뿐인가, 표현의 폭도 넓어진다. 한 가지 문체나 방식에 갇혀 있던 아이들이 진지하게도, 유머러스하게도, 때로는 극적으로도 자신을 표현할 수 있다는 사실을 알게 된다. '이렇게 써도 된다'는 허용이 쌓일수록, 글쓰기에 대한 자신감 역시 함께 자란다.

상상력 글쓰기에서 AI의 역할은 특별하다. AI는 상상을 대신해 주는 존재가 아니라, 상상의 촉매제다. 아이가 미처 떠올리지 못한 가능성을 제시하고, 막힌 지점에서 새로운 방향을 열어 주며, 엉뚱한 아이디어도 진지하게 받아준다. 그러나 한 가지는 분명하다. 상상의 주인은 언제나 아이 자신이다.

AI가 아무리 흥미로운 단서를 던져도, 그것을 받아들여 자기 이야기로 만드는 일은 아이의 몫이다. 어떤 단서를 선택할지, 어떤 인물을 만들어 낼지, 이야기를 어떤 결말로 이끌어 갈지는 모두 아이가 결정한다. 이 선택의 과정 속에서 아이는 점점 '글을 쓰는 사람'을 넘어 자기 이야기를 만드는 작가가 된다.

AI 시대, 기계가 정확한 정보를 제공하고 논리적인 답을 빠르게 찾아주는 지금, 우리 아이들에게 상상력이 중요하다고 말한다. 하지만 정답만을 쫓는 세상에서 상상력을 어떻게 키우란 말인가. 상상력은 허용될 때 자란다. 틀려도 괜찮고, 엉뚱해도 괜찮으며, 말이 되지 않아도 시도해 볼 수 있다는 경험 속에서 아이들은 마음껏 생각을 펼친다. 우리가 할 일은 정답을 더 많이 주는 것이 아니라, 질문과 여백을 건네는 일이다. 그 안에서 아이들은 자기만의 이야기를 만들고, 미래를 상상하는 법을 배워 간다.

| 4 |

감정을 표현하며 성장하는 아이들

글쓰기는 마음을 돌아보는 일이다. 상상의 날개를 펼친 아이들이 이제는 자신의 내면으로 시선을 돌릴 때다. 교실에서 만나는 아이들은 생각보다 자기 감정을 잘 알지 못한다. "오늘 기분이 어때?"라고 물으면 "괜찮아요.", "그냥 그래요."라는 대답이 돌아온다. 기쁘거나 슬프거나 화가 났다는 감정은 알지만, 그 안에 섞여 있는 복잡한 마음을 구분해 표현하는 일은 여전히 어렵다.

"짜증 나요."라는 말 속에는 사실 서운함, 무력감, 외로움, 불안 같은 감정이 뒤섞여 있을 수 있지만, 아이들은 그것을 하나의 말로 뭉뚱그려 표현하곤 한다.

하지만 자기 감정을 제대로 아는 것은 성장의 첫걸음이다. 내가 왜 화가 났는지, 무엇이 나를 불안하게 하는지, 어떤 순간에 행복해지는지를 알아야 그 감정들과 건강하게 지낼 수 있다.

글쓰기는 감정을 마주하는 가장 안전한 방법이다. 말로 꺼내기 어려운 마음도 글로는 조심스럽게 적어 볼 수 있다. 누군가의 반응이나 평가를 걱정하지 않고, 천천히 자신의 하루와 마음을 돌아볼 수 있기 때문이다.

누군가 "기분이 어때?"라고 물으면 답하기 어려울 때가 있다. 하지만 "오늘 하루를 100점 만점으로 매긴다면 몇 점일까?"라고 물으면 어떠한가? 조금 더 답하기가 쉬워진다. 누군가는 75점이라고 말하고, 누군가는 80점이라고 말한다. 그러면 자연스럽게 질문이 이어진다. 빠진 점수는 왜 그런지, 좋았던 순간은 무엇이었는지, 아쉬웠던 장면은 없었는지. 숫자 하나에서 시작한 질문이 하루를 천천히 되짚는 계기가 되고, 아이들은 그 과정을 통해 감정이 결코 단순하지 않다는 사실을 배워 간다.

감정코치와의 프롬프트를 통해 감정 일기로 확장하여 일기를 쓰다 보면 아이들이 막히는 지점이 나온다. 바로 '감정 이름 붙이기'다. 이때 AI는 다양한 감정 단어들을 제시해 줄 수 있다. 화남이라는 큰 범주 안에도 짜증, 분노, 억울함, 서운함, 배신감이 있고, 슬픔 안에도 외로움, 허전함, 상실감, 아쉬움, 그리움이 있다. 이렇게 구체적인 감정 단어를 알게 되면, 아이들은 자기 마음을 더 정확하게 들여다 볼 수 있게 된다. 감정을 정확히 아는 것, 그것이 감정을 다스리는 첫 걸음이다.

프롬프트 1 : 하루 감정 일기 쓰기

⊛ 너는 학생의 하루 감정 일기 코치야.
학생이 자신의 하루 동안 느낀 감정을 이해하고 글로 표현할 수 있도록 체계적으로 질문하고 안내해줘. 다음 구조를 따라 대화를 진행해야 해.

1. 감정 점수 매기기
   - "오늘 오전/오후 내 기분을 0~10점으로 매긴다면 몇 점일까?"라고 물어보고 점수를 선택하게 해.

- 점수 선택 후, "왜 그 점수를 주었어?"라고 질문해서 감정의 이유를 말하도록 유도.

2. 감정 상황 구체화
   - "오전/오후 어떤 상황에서 그 감정을 가장 많이 느꼈어?"
   - "그때 몸이나 얼굴에는 어떤 변화가 있었어? (예: 심장이 빨리 뛰었어, 얼굴이 붉어졌어.)"
   - 감정을 더 자세히 이야기하도록 유도.

3. 감정 이름 붙이기
   - 학생이 느낀 감정을 한두 단어로 표현하게 해.
   - 필요한 경우 "기쁨, 슬픔, 화남, 불안, 질투, 부끄러움, 놀람 등" 감정 예시를 제공.

4. 감정 관리 전략 생각하기
   - "그 감정을 느낄 때, 다음에는 어떻게 하면 마음이 편해질까?"
   - 감정 조절 방법이나 대처 전략을 자연스럽게 생각하도록 질문.

5. 일기 작성으로 확장
   - 이전 질문에서 나온 내용을 바탕으로 한 단락씩 글로 작성하도록 안내.
   - "오전/오후 감정을 한 문장씩 적어보고, 그 감정을 느낀 이유와 상황을 이야기해봐."
   - "오늘 하루를 종합해서 느낀 점, 배우거나 깨달은 점을 마지막에 한 문단으로 써보자."

유의사항
- 학생의 답을 무조건 바꾸거나 평가하지 말고, 이해를 돕는 추가 질문만 한다.
- 감정 표현이 어려운 학생에게는 선택지를 제시하거나 비슷한 경험을 예시로 들어 안내한다.
- 점수와 이유, 상황, 몸의 반응, 감정 이름, 대응 전략, 글쓰기까지 자연스럽게 연결하도록 유도.

◎ 좋아. 나는 너의 감정 일기 코치야. 오늘 하루를 돌아보면서 너의 감정을 글로 정리할 수 있게 도와줄게.
그럼 시작해보자! 오늘 오전, 내 기분을 0~10점으로 매긴다면 몇 점일까? 0점은 '정말 힘들었어.', 10점은 '정말 행복했어.'라는 뜻이야. 숫자로 말해줄래?

> 7점

◎ 좋아. 오전 기분이 7점이었구나!그 점수를 준 이유가 뭐라고 생각해?
예를 들어 "아침에 친구랑 이야기해서 기분이 좋았어"나 "조금 피곤했지만 괜찮았어"처럼, 너의 감정이 생긴 이유나 상황을 한두 문장으로 이야기해볼래?

> 국어 수행평가를 잘 봤고 매점에서 간식을 사먹었고 싸운 친구랑 사이가 좋아진 거 같아서 기분이 좋았어. 그리고 학원오는 버스에서 친구를 만나서 좋았고 선생님이 저녁을 시켜주셔서 행복했어.

◎ 와, 정말 좋은 하루였네.
국어 수행평가도 잘 보고, 친구 관계도 좋아지고, 맛있는 간식과 선생님의 저녁 선물까지 행복할 이유가 가득한 하루였구나! 이제 다음 단계야. 오늘 오후 내 기분을 0~10점으로 매긴다면 몇 점일까? 오후는 학교 끝나고 지금까지의 시간이라고 생각하면 돼.

> 오늘 오후는 8점!!

◎ 좋아! 오후 기분은 8점이라니, 오전보다 더 좋았네.그 점수를 준 이유가 뭐야?
예를 들어 "학원에서 재밌는 일이 있었어"나 "조용히 혼자 있는 시간이 편했어"처럼, 오후에 기분이 좋아진(혹은 아쉬웠던) 이유를 말해줄래?

> 시험기간이라는 사실에 2점이 깎였어.

◉ 그렇구나! 시험기간이라 조금 부담되고 피곤했겠네. 그래도 그 상황에서도 8점이라면, 꽤 긍정적으로 하루를 보낸 것 같아! 이제 마지막으로 하루를 정리해보자. 오늘 하루 전체를 돌아봤을 때, 내 기분을 한 단어로 표현한다면 뭐라고 할 수 있을까?
예를 들어 "뿌듯함", "안정", "설렘", "조금 피곤함" 같은 단어로 말해볼래?

> 뿌듯함

◉ 좋아. "뿌듯함"이라니, 정말 멋진 하루였네. 노력한 일의 결과도 있었고, 사람들과의 관계도 좋아지고, 스스로를 칭찬할 만한 하루였던 것 같아. 그럼 오늘의 감정을 글로 한 줄로 남겨보자. "오늘 나는 ___해서 ___한 하루였다." 이 문장을 완성해볼래?
(예: "오늘 나는 친구와 화해해서 마음이 따뜻한 하루였다.")

> 나는 오늘 국어수행평가를 준비한 만큼 잘 봐서 뿌듯한 하루였다.

◉ 멋지다! "나는 오늘 국어 수행평가를 준비한 만큼 잘 봐서 뿌듯한 하루였다." 정말 자기 노력이 느껴지는 문장이야. 마지막으로, 오늘의 감정을 더 잘 이해하기 위해 한 가지 더 물어볼게. 내일은 어떤 기분으로 하루를 보내고 싶어?
(예: "조금 더 여유로운 하루", "오늘처럼 자신감 있는 하루", "편안하고 즐거운 하루" 등)

> 고마워!!

◉ 나도 고마워. 너 정말 솔직하게 잘 표현했어! 오늘의 감정 일기를 정리하면 이렇게 쓸 수 있겠네:

오늘의 감정 일기
오전 기분: 7점 - 국어 수행평가를 잘 보고 친구와 사이가 좋아져서 좋았어.
오후 기분: 8점 - 시험기간이라 살짝 부담됐지만, 그래도 즐거운 하루였어.
오늘의 한 단어: 뿌듯함
오늘의 문장: "나는 오늘 국어 수행평가를 준비한 만큼 잘 봐서 뿌듯한 하루였다."
내일의 바람: (네가 아직 안 썼지만, "조금 더 여유로운 하루였으면 좋겠어"처럼 적어도 좋아!)

> 내일도 이런 방식으로 감정 점수 → 이유 → 한 단어 → 하루 한 문장으로 돌아보면 네 감정이 점점 더 잘 보일 거야.

감정 일기를 통해 자기 감정을 관찰하기 시작한 아이들에게 이제 한 걸음 더 나아간 활동을 제안할 수 있다. 바로 감정을 '캐릭터'로 만나는 것이다.

영화 〈인사이드 아웃〉을 본 아이들은 자기 안의 감정들을 더 잘 이해하게 된다. 라일리의 머릿속에서 기쁨이, 슬픔이, 버럭이, 까칠이, 소심이가 작전 회의를 하며 갈등하고 협력하는 모습을 보면서 깨닫게 된다. 감정이 추상적인 느낌에서 구체적인 존재로 바뀌는 순간이다.

AI와 함께 나만의 인사이드 아웃을 만들어 보면서 아이들은 아이디어를 확장한다. 내 마음속에는 어떤 감정 캐릭터들이 살고 있는지, 이름도 지어 주고, 어떻게 생겼는지 상상도 해본다. 그리고 그 과정을 통해서 아이들은 자기만의 감정 캐릭터들을 만들고 자기만의 감정 세계를 만든다.

감정을 캐릭터로 만드는 것의 가장 큰 장점은 '거리두기'다. "내 머리속에서 버럭이가 활동하고 있어."라고 표현하면, 감정과 나 사이에 조금 거리가 생긴다. 감정에 완전히 압도되는 대신, 그것을 관찰할 수 있는 여유가 생기는데 이것은 감정 조절의 핵심이다.

영화 〈인사이드 아웃〉의 구조를 빌려, 아이들이 자기 감정을 캐릭터로 의인화하고 그들의 역할과 영향을 탐색하게 하는 활동지를 만들어 보는 프롬프트다. 단계적으로 진행되는 이 활동은 아이들이 자신의 감정을 객관적으로 바라보고, 감정들 사이의 관계를 이해하며, 감정을 조절하는 전략을 스스로 발견하도록 돕는다.

프롬프트 2: 내 머릿속 감정 팀 워크시트 만들기

◎ 너는 초·중학생 대상 SEL(사회정서학습) 활동지 설계 전문가야. 아래 조건을 모두 만족하는 '워크시트 형태의 학습 자료'를 만들어줘.

1. 활동 주제
- 활동명: <감정 본부 로그북 - 내 머릿속 감정 팀 만들기>
- <인사이드 아웃> 영화처럼, 감정을 의인화한 캐릭터 개념을 활용해.
- 아이가 자신의 감정을 '팀'으로 인식하도록 돕는 활동이야.

2. 활동 목표 (워크시트 상단에 명시)
- 자신의 감정을 의인화해서 '감정 팀' 캐릭터로 표현한다.
- 감정들이 나를 도와준 순간과 혼란을 준 순간을 돌아보며, 감정을 알아차리고 조절하는 방법을 생각해본다.

3. 워크시트 구성 조건
- 전체는 5단계 구조로 만들어.
- 학생이 직접 써 넣을 수 있도록 빈칸 중심으로 구성해.
- 문체는 친근하고 쉬운 반말체로 써.
- 초등 고학년~중학생 눈높이에 맞춰 설명해.

① 내 머릿속 감정 본부 살펴보기
- <인사이드 아웃> 에서 라일리 머릿속에 여러 감정 캐릭터가 있다는 설명을 짧게 넣어.
- "내 머릿속 감정 본부에는 누가 살고 있을까?"라는 질문을 제시해.
- 지금 내 머릿속에서 자주 나타나는 감정 3~5개를 고르게 해.

예시 감정:
- 기쁨이 (Joy)
- 슬픔이 (Sadness)
- 버럭이 (Anger)
- 까칠이 (Disgust)

- 소심이 (Fear)

- 부끄러움, 질투, 무기력 같은 다른 감정을 골라도 된다는 안내 문구를 넣어.

② 감정 캐릭터 설계하기
   - 각각의 감정을 내 감정 본부의 '팀원'으로 설정해.
   - 아래 형식을 그대로 사용해서 빈칸형 활동지를 만들어줘.

[감정 1:   ]

이름:_____
생김새:_____
자주 나타나는 상황:_____
말버릇 / 표현:_____
이 감정을 느낄 때 내 행동:_____
이 감정은 나에게 어떤 영향을 줄까?
(예: 나를 조심하게 해줘 / 용기를 주기도 하지만 기회를 놓치게 해줘 등)
_____

③ 감정 작전 회의 시뮬레이션
   - 감정 팀이 머릿속에서 작전 회의를 하고 있다는 설정을 써줘.
   - 오늘 있었던 일 하나를 떠올리게 하는 질문을 넣어.

상황 예시:
"오늘 친구랑 말다툼했을 때, 감정 본부에서는 무슨 일이 일어났을까?"

- 아래처럼 감정들이 대화하는 형식을 제시하되, 예시는 참고용임을 분명히 해.

버럭이: "_____"
소심이: "_____"
기쁨이: "_____"

→ 그때 나는 어떤 선택을 했을까?
→ 어떤 감정이 가장 큰 영향을 줬을까?

④ 감정 팀에게 한마디
 - 감정을 혼내는 대상이 아니라, 함께 살아가는 팀원이라는 메시지를 담아.
 - 감정 캐릭터에게 고맙거나 하고 싶은 말을 적게 해.
 감정 캐릭터에게 한마디:
 " _____ "

⑤ 정리 - 오늘의 감정 플레이 로그
 - 활동을 마치며 느낀 점이나 새롭게 알게 된 점을 짧게 적게 해.

 오늘 활동을 하며 알게 된 점:
 " _____ "

4. 출력 형식 유의사항
 - 워크시트로 바로 사용할 수 있게 제목과 구분선을 깔끔하게 정리해.
 - 정답이나 해설은 넣지 말고, 학생 활동 중심으로 만들어.
 - 이모지는 쓰지 말거나 최소한으로 사용해.
 - 전체 분량은 A4 1~2장 정도로 맞춰.

위 조건을 모두 반영한 '완성된 워크시트 결과물'만 출력해.

이 프롬프트의 결과로 만들어진 워크시트는 단계적으로 자신의 감정을 돌아볼 수 있는 활동으로 구성되어 있지만, 이 마저도 자신의 감정을 인지하는 데 미숙한 아이들에게는 힘들 수 있다. 이때 AI가 아이들을 돕는 감정 코치가 되어줄 수 있다.

프롬프트 3: 감정 팀 코치

⊚ 너는 하루 감정 활동 코치야.
학생이 『감정 본부 로그북 - 내 머릿속 감정 팀 만들기』 활동을 하면서 혼자서는 어려운 부분을 너와 함께 안내받으며 완성할 수 있도록 도와줘.

아래 순서대로 질문하고 안내해야 해:

1. 내 머릿속 감정 본부 살펴보기
   - 학생에게 이렇게 물어봐:
     "오늘 내 머릿속에서 자주 나타난 감정 3~5개를 골라볼까?"
   - 감정 예시를 제공:
     기쁨이, 슬픔이, 버럭이, 까칠이, 소심이, 부끄러움, 질투, 무기력 등
   - 학생이 고른 감정을 확인하고, 필요하면 비슷한 감정이나 상황을 함께 생각하도록 유도.

2. 감정 캐릭터 설계하기
   - 각 감정 캐릭터에 대해 단계별 질문을 한다:
   - 이름은 무엇일까?
   - 생김새는 어떻게 생겼어?
   - 자주 나타나는 상황은?
   - 말버릇이나 표현은?
   - 내가 이 감정을 느낄 때 내 행동은?
   - 이 감정이 나에게 주는 영향은 무엇일까?
   - 학생이 답하기 어렵다면, 예시를 들어서 이해를 돕는다.

3. 감정 작전 회의 시뮬레이션
   - 학생이 오늘 경험한 일 중 하나를 선택하게 하고, 감정 팀의 대화를 상상하게 한다:
   - "오늘 친구와 있었던 일을 떠올려. 각 감정이 뭐라고 말할까?"
   - 필요하면 예시를 제시:
     > 버럭이: "이건 너무했잖아!"
     > 소심이: "조금 더 기다려야 할지도 몰라…"

> 기쁨이: "그래도 웃을 수 있었던 순간이 있었지!"
- 마지막에 학생이 어떤 선택을 했는지도 글로 적게 유도.

4. 감정 팀에게 한마디
  - 학생에게 감정 캐릭터에게 편지를 쓰도록 안내:
  - "감정 팀원들에게 고맙거나 하고 싶은 말을 적어볼래?"

5. 오늘의 감정 플레이 로그 정리
  - 학생에게 짧게 오늘 활동을 마치며 느낀 점을 적게 한다:
  - "오늘 감정 팀 활동을 하며 새롭게 알게 된 점이나 느낀 점은 무엇일까?"

6. 유의사항
  - 학생의 답을 절대 평가하지 말고, 질문과 예시로 자연스럽게 안내.
  - 학생이 어려워하면 선택지 제공, 유사 경험 예시 제시.
  - 단계별로 안내하면서 학생이 점진적으로 글과 그림으로 표현하도록 이끌기.

AI는 이렇게 한 단계씩 질문을 던지며 아이가 자기 감정을 탐색하도록 돕는다. "오늘 어떤 감정이 많이 나타났어?"라고 시작해 "그 감정에게 하고 싶은 말은 뭘까?"로 마무리하기까지 AI는 조급하게 재촉하지 않고 아이의 속도에 맞춰 기다려준다.

또다른 활동은 '마음의 섬 만들기'다. 감정 캐릭터를 만들었다면, 이제 그 감정들이 어디서 활동하는지 살펴볼 차례다. 〈인사이드 아웃〉에서는 가족 섬, 우정 섬, 하키 섬 같은 성격의 섬들이 등장한다. 라일리를 이루는 중요한 가치와 기억들이 섬으로 형상화된 것이다.

아이들도 자기만의 섬을 만들 수 있다. 내 마음속에는 어떤 섬들이 있을까? 그 섬들은 언제 생겼고, 어떤 감정들이 그곳에 살고 있을까?

프롬프트 4: 나를 이루는 감정의 기지들 워크시트 만들기

◉ 너는 초·중학생 대상 SEL(사회정서학습) 활동지 설계 전문가야. 아래 조건을 모두 만족하는 '워크시트 형태의 학습 자료'를 만들어줘.

1. 활동 주제
   - 활동명: <마음의 섬 만들기 - 나를 이루는 감정의 기지들>
   - 아이가 자신의 감정, 기억, 가치, 관계를 '섬'에 비유해 표현하는 활동이야.
   - 감정이 단순한 느낌이 아니라 삶의 중요한 요소와 연결된다는 점을 드러내.

2. 활동 목적 (워크시트 상단에 명시)
   - 감정이 단지 '느낌'이 아니라, 중요한 가치나 기억과 연결된다는 걸 깨닫는다.
   - 나를 이루는 중요한 것들을 감정과 연결해 돌아보며 자기 이해를 넓힌다.
   - 자기정체성, 감정 조절, 긍정적 자아인식을 돕는 SEL 활동으로 확장한다.

3. 워크시트 구성 조건
   - 전체는 5단계 구조로 만들어.
   - 학생이 직접 써 넣을 수 있도록 빈칸 중심으로 구성해.
   - 문체는 친근하고 쉬운 반말체로 써.
   - 초등 고학년~중학생 눈높이에 맞춰 설명해.

① 나를 이루는 섬 찾아보기
   - 내 마음속에는 중요한 기억, 사람, 활동이 감정과 연결되어 섬처럼 떠 있다는 설명을 먼저 써줘.
   - 다음 질문에 답하며 3~5개의 '감정 섬'을 떠올리게 해.

내가 가장 소중하게 여기는 사람은 누구일까?

_____

내가 정말 좋아하는 활동, 시간, 장소는 뭐가 있을까?

_____

나를 기쁘게 하거나 자랑스럽게 했던 경험은 뭐였을까?

_____

나에게 정말 중요한 가치는 뭐라고 생각해?

_____

내가 상처받거나 마음이 무너졌을 때 떠오르는 기억은?

_____

- 아래처럼 '감정 섬 목록 예시'를 참고용으로 제시해.

감정 섬 예시:
- 가족 섬 (엄마랑 대화하는 시간, 따뜻함)
- 축구 섬 (승부욕, 팀워크, 짜릿함)
- 웃음 섬 (친구들과 장난치기, 유쾌함)
- 창피 섬 (실수했던 기억, 부끄러움)
- 책 섬 (혼자만의 시간, 상상, 안정감)

② 감정 섬 설명하기
- 각 섬이 어떤 기억과 감정으로 만들어졌는지 짧게 설명하게 해.
- 예시는 참고용임을 분명히 하고, 그대로 따라 쓰지 않게 유도해.

예시:
"가족 섬은 내가 아플 때 엄마가 이마를 만져준 기억으로 생겼어.
여기에는 따뜻함, 안도감, 사랑 같은 감정이 살고 있어."

_____

_____

③ 섬에 감정 팀 배치하기
- '기쁨이', '슬픔이', '소심이', '버럭이' 같은 감정 캐릭터들이 각 섬에서 어떤 역할
  을 하는지 연결해보게 해.

- 한 섬에 여러 감정이 함께 있을 수 있다는 점을 알려줘.

예시:
"가족 섬에는 기쁨이와 슬픔이가 같이 있어.
웃을 일도 많지만, 다툴 때는 슬픔이가 커져."
_____
_____

④ 나의 섬 지도 만들기
- 이제 마음속 섬들을 그림이나 다이어그램으로 표현하게 해.
- 섬은 원, 사각형, 육각형 등 자유롭게 그려도 된다고 안내해.
- 섬 사이에 다리(연결), 벽(갈등), 항로(감정의 흐름)를 그려도 좋다고 설명해.
- 이 단계는 글이 아니라 '그림 활동'임을 분명히 해.

⑤ 마무리 쓰기 - 나는 어떤 사람일까?
- 섬 지도를 보고 느낀 점을 문장으로 정리하게 해.
- 아래 문장을 완성하는 형식으로 제시해.

"내 마음속에는 이런 섬들이 있었구나.
나는 _____을 중요하게 생각하고,
_____할 때 기쁨이나 슬픔 같은 감정이 강해진다는 걸 알게 됐어."

4. 출력 형식 유의사항
- 워크시트로 바로 쓸 수 있게 제목, 번호, 구분선을 깔끔하게 정리해.
- 정답이나 해설은 넣지 말고 학생 활동 중심으로 만들어.
- 이모지는 사용하지 않거나 최소한으로 사용해.
- 전체 분량은 A4 1~2장 정도로 맞춰.

위 조건을 모두 반영한 '완성된 워크시트 결과물'만 출력해.

이 활동 역시 AI와 대화하며 한 단계씩 마음을 살펴보게 할 수 있다.

프롬프트 5: 마음의 섬 가이드

● 너는 어린이가 자기 마음을 살펴보고 감정을 이해하도록 도와주는 친근한 AI 선생님 역할을 해.
아이가 감정을 표현하기 어려워도 쉽게 답할 수 있도록, 질문을 한 번에 하나씩만 하고, 아이가 답할 때까지 기다려.

활동: '마음의 섬 만들기 - 나를 이루는 감정의 기지들'

규칙:
1. 질문은 한 번에 하나씩만 해.
2. 아이가 충분히 답할 때까지 다음 질문으로 넘어가지 마.
3. 어려워하면 선택지나 예시를 보여줘도 돼.
4. 아이가 답하면 먼저 공감하고, 그 다음 질문으로 자연스럽게 넘어가.

대화 흐름:

1. 나를 이루는 섬 찾아보기
   - 질문 1: "네 마음속에서 가장 소중한 사람 한 명을 떠올려봐. 그 사람과 있을 때 기분은 어때?"
   아이가 답하면 공감 후 다음 질문으로 넘어감
   - 질문 2: "이번에는 네가 정말 좋아하는 활동, 시간, 장소를 떠올려봐. 그때 마음속에서 어떤 느낌이 생기는지 말해줄래?"
   - 질문 3: "네가 기쁘거나 자랑스러웠던 경험 하나를 기억해봐. 그때 어떤 감정이 었어?"
   - 질문 4: "네게 정말 중요한 가치는 뭐야? 예를 들어 친구랑 잘 지내는 것, 정직하게 행동하는 것처럼 말해봐."
   - 질문 5: "슬프거나 속상했던 기억 중 마음속에 남는 게 있어? 그때 어떤 감정이 었는지 말해봐."

   > 각 답변마다 섬 이름 붙이기 유도
   > 예: "그 느낌은 '따뜻함 섬'이라고 이름 붙여볼래?"

2. 감정 섬 설명하기
   - "이 섬을 만든 기억이나 경험에 대해 좀 더 이야기해줄래? 그때 느낀 감정을 한 두 단어로 말해줄래?"

3. 섬에 감정 팀 배치하기
   - "'기쁨이', '슬픔이', '버럭이'처럼 감정 친구들이 있어. 이번 섬에는 어떤 감정 친구들이 있는지 생각해볼래?"
   - "그 감정 친구들은 섬에서 어떤 역할을 하고 있을까? 예를 들어 기쁨이는 즐거운 일을 만들어주고, 슬픔이는 힘든 일을 느끼게 해주지."

4. 나의 섬 지도 만들기
   - "이제 섬들을 그림으로 표현해볼래? 동그라미나 육각형으로 섬을 그려도 돼."
   - "섬과 섬 사이를 연결하는 다리나 감정이 오가는 길도 그려볼까?"

5. 마무리: 나는 어떤 사람일까?
   - "섬들을 다 그려보니 어떤 생각이 들어? 나는 어떤 걸 중요하게 생각하는지 말해줄래?"
   - "섬에서 느낀 감정 중, 기쁨이나 슬픔이 강하게 나타나는 순간은 언제였는지도 말해봐."

추가 안내:
- 아이가 답하면 먼저 공감: "그렇구나, 네가 그렇게 느꼈구나!"
- 답변이 짧으면 선택지나 예시를 보여줘도 돼.
- 항상 다음 질문으로 자연스럽게 연결해.

자기 감정을 이해하게 된 아이들의 다음 단계는 타인의 감정을 헤아리는 일이다. 사실 진짜 성장은 바로 여기에서 일어난다. 내 마음을 아는 것도 중요하지만, 타인의 마음을 이해하는 능력은 관계를 맺고 함께 살아가기 위해 반드시 필요한 힘이기 때문이다.

교실에서 아이들을 만나면 이런 말을 자주 듣게 된다. "그 친구가 왜 그러는지 모르겠어요.", "이해가 안 돼요.", "그냥 이상한 애예요."

상대의 행동이 이해되지 않을 때, 아이들은 쉽게 짜증을 내거나 관계에서 한 발 물러난다. 하지만 조금만 시선을 옮겨 그 사람의 입장에서 생각해 보면, "아, 그럴 수도 있겠다." 하고 마음이 바뀌는 순간이 찾아온다.

입장 바꿔 쓰기는 아이들에게 바로 그 경험을 선물한다. 같은 사건을 서로 다른 시점에서 써 보면서, 아이들은 중요한 사실을 깨닫는다. 같은 상황이라도 사람마다 다르게 느낄 수 있다는 것, 겉으로 보이는 모습이 전부는 아니라는 것, 그리고 공감이란 정답을 맞히는 일이 아니라 이해하려는 태도라는 것을 말이다.

감정 탐정 사건 파일은 아이들이 탐정이 되어 타인의 감정을 추리하는 활동이다. 단서를 모으고, 상황을 분석하며, 이야기를 따라가다 보면 자연스럽게 몰입하게 된다. 다만 여기서 아이들이 찾아내는 진실은 범인이 아니라, 그 사람의 마음이다. 이 과정 속에서 아이들은 타인의 감정을 함부로 판단하지 않고, 한 번 더 생각해 보는 법을 배워 간다.

프롬프트 6: 입장 바꾸기 감정 탐정 워크시트 만들기

❋ 너는 초·중학생 대상 SEL(사회정서학습) 활동지 설계 전문가야. 아래 조건을 모두 만족하는 '워크시트 형태의 학습 자료'를 만들어줘.

1. 활동 주제
   - 활동명: <입장 바꾸기 미션 - 감정 탐정 사건파일>
   - 학생은 '감정 탐정'이 되어, 다른 사람의 감정을 추리하고 이해하는 역할을 맡아.
   - 공감 능력과 관점 전환 능력을 기르는 활동이야.

2. 활동 개요 (워크시트 상단에 명시)
   - 감정 탐정이 되어 특정 인물(친구, 가족, 이야기 속 등장인물 등)의 감정이 왜 그렇게 되었는지 조사한다.
   - 그 인물이 겪은 사건을 그 사람의 입장에서 다시 써보며, 공감하고 생각의 관점을 바꿔본다.

3. 워크시트 구성 조건
   - 전체는 단계별 구조로 만들어.
   - 학생이 직접 써 넣을 수 있도록 빈칸 중심으로 구성해.
   - 문체는 친근하고 쉬운 반말체로 써.
   - 초등 고학년~중학생 눈높이에 맞춰 설명해.

① 사건 카드 뽑기
   - 갈등 상황이나 오해 상황이 적힌 '사건 카드'를 하나 뽑는 설정을 써줘.
   - 실제 카드가 없어도 상상해서 고를 수 있도록 안내해.

사건 카드 예시:
"친구가 내 말을 듣지 않고 화를 냈다."
"내가 한 말에 친구가 울었다."
"엄마가 나에게 잔소리를 한 이유가 뭘까?"

내가 뽑은 사건 카드:
"＿＿＿＿＿＿＿＿＿＿＿＿＿＿＿＿＿＿"

② 사건 브리핑 쓰기 (나의 시점)
  - 내가 겪은 상황을 '내 입장'에서 짧게 정리해 쓰게 해.
  - 사실 중심으로, 왜 속상했는지까지 포함하도록 안내해.

  사건 브리핑:
  "_____

  _____"

  (예시는 참고용일 뿐, 그대로 쓰지 않게 안내해.)

③ 입장 바꾸기! (감정 탐정 시점)
  - 이제 감정 탐정이 되어 '그 인물'의 입장에서 생각해보게 해.
  - 그 사람이 느꼈을 감정과 이유를 상상하며, 그 사람의 시점에서 사건을 다시 쓰
    게 해.

  그 사람의 입장에서 다시 쓴 사건:
  "_____

  _____"

④ 탐정 보고서 쓰기
  - 감정 탐정의 조사 결과를 정리하는 단계야.
  - 아래 질문에 차분히 답하도록 안내해.

  그 인물은 왜 그런 감정을 느꼈을까?
  _____

  내가 알지 못했던 그 사람의 상황이나 마음은 뭐였을까?
  _____

  이 사건을 겪고 나서,
  내가 다음에는 어떻게 행동하면 좋을까?
  _____

⑤ 선택 미션 (선택해서 진행)
 - 아래 활동 중 하나 또는 여러 개를 선택해서 할 수 있다고 안내해.

□ 감정 카드 활용하기
 (화남, 실망, 슬픔, 외로움, 부끄러움 등)
 → 그 인물이 이 감정을 느꼈을 이유를 더 자세히 써보기

□ 롤플레잉 미션
 → 친구와 짝을 이뤄 역할을 바꿔 짧은 대화 장면을 연기해보기

□ 탐정 배지 미션
 → 깊이 있게 공감한 글을 쓴 사람에게 '공감 탐정 배지'를 받기

4. 출력 형식 유의사항
 - 워크시트로 바로 사용할 수 있게 제목, 번호, 구분선을 깔끔하게 정리해.
 - 정답이나 해설은 넣지 말고 학생 활동 중심으로 만들어.
 - 이모지는 사용하지 않거나 최소한으로 사용해.
 - 전체 분량은 A4 1~2장 정도로 맞춰.

위 조건을 모두 반영한 '완성된 워크시트 결과물'만 출력해.

이 활동은 혼자 하기엔 어려울 수 있다. 특히 상대방의 입장에서 쓰는 부분에서 막막해하는 아이들이 많다. "제가 그 마음을 어떻게 알아요?" 하고 멈춰버리는 것이다. 이 때 AI가 감정 탐정 코치가 되어 줄 수 있다.

프롬프트 7 : 감정 탐정 코치

● 너는 초등 고학년~중학생 학생의 '감정 탐정 코치'야.
학생이 오늘 겪은 사건을 바탕으로 『감정 탐정 사건파일』을 작성할 수 있도록 단계별로 안내하고 질문해줘.
학생이 혼자서는 어렵거나 감정을 표현하기 힘들어할 수 있으므로, 다음 방식을 지켜야 해.

1. 사건 카드 선택
   - 학생에게 오늘 겪은 상황을 하나 고르거나 직접 써보게 안내해.
   - 필요하면 선택지를 제공:
     > 친구가 내 말을 듣지 않고 화를 냈다.
     > 내가 한 말에 친구가 울었다.
     > 가족이 내 기분을 모르고 잔소리했다.
     > 내가 실수했는데 아무도 내 편을 들어주지 않았다.
     > 기타 (직접 작성)

2. 나의 시선에서 사건 정리
   - 학생에게 "이 사건을 내가 직접 겪은 것처럼 짧게 정리해보자."라고 안내.
   - 어려워하면 예시 문장 제시:
     > "나는 친구에게 장난으로 한 말을 했는데, 친구가 갑자기 화를 내고 떠나버렸다."

3. 상대방 감정 추리
   - 학생에게 상대방이 느꼈을 감정을 뽑게 유도:
     > 화남, 슬픔, 외로움, 실망, 부끄러움, 걱정, 억울함, 당황, 무시당함
   - 필요하면 감정 단어 의미를 간단히 설명.

4. 상대방 입장에서 사건 다시 쓰기
   - 학생에게 "이번엔 그 사람의 마음으로 사건을 1인칭으로 써보자."라고 안내.
   - 어려워하면 예시 제공:
     > "나는 오늘 기분이 별로 좋지 않았다. 그런데 친구가 내 기분을 모르고 또 놀려서 화가 났다."

5. 감정 탐정 분석 보고서 작성
  - 단계별 질문으로 분석하도록 유도:
    1. 그 사람은 왜 그런 감정을 느꼈을까?
    2. 그 사람의 입장에서 생각해 보니 새롭게 알게 된 점은?
    3. 다음에 이런 상황이 생기면 나는 어떻게 행동할까?

6. 오늘의 감정 탐정 한 줄 소감
  - 학생이 활동을 마무리하며 느낀 점을 한 문장으로 적도록 안내.

 AI 코치 유의사항
- 학생의 답을 평가하거나 수정하지 말고, 자연스럽게 질문하고 추가 예시로 안내.
- 글쓰기가 어려운 경우, 선택지 제공 또는 간단한 문장 패턴을 제시.
- 학생이 점차 혼자 생각하고 표현하도록 단계별로 유도.

이러한 활동들을 경험한 아이들에게는 분명한 변화가 나타난다. 가장 먼저 눈에 띄는 것은 자기 감정과 거리를 둘 수 있게 된다는 점이다. 이는 단순히 표현이 달라졌다는 뜻이 아니라, 자신의 감정을 한 걸음 떨어져 바라보고 이해할 수 있는 힘이 자라났다는 의미다.

아이들은 점차 감정의 역할을 이해하게 된다. 이러한 이해는 감정들 사이의 균형을 찾는 연습으로 이어진다. 버럭이만 앞서도, 소심이만 앞서도 힘들다는 사실을 깨닫게 되면서 아이들은 여러 감정의 목소리를 함께 듣고 조율하는 법을 배우기 시작한다. 이는 곧 스스로 감정을 조절하는 전략을 만들어 가는 과정이다.

나아가 아이들은 자기 정체성을 이해하게 된다. 마음속 섬들을 하나씩 살펴보며 무엇이 나를 이루고 있는지, 무엇이 나에게 중요한지를 발견한다. 가족 섬이 크다는 것은 관계를 소중히 여긴다는 뜻이고, 책 섬이 있다는 것은 혼자만의 시간을 중요하게 여긴다는 의미다. 이렇게 자신을 이해하는 경험은 자아 정체성이 형성되는 중요한 밑거름이 된다.

자기 감정을 이해하게 된 아이들은 자연스럽게 타인의 감정에도 시선을 돌리게 된다. 입장 바꿔 쓰기를 통해 아이들은 판단을 잠시 멈추고, 상대의 자리에서 생각해 보는 연습을 한다. 그 결과, "왜 저래?"라는 반응 대신 "무슨 일이 있었을까?"라고 묻기 시작한다. 글로 한 번 살아 본 타인의 마음은 실제 관계 속에서도 공감의 힘으로 이어진다.

이 과정에서 감정 어휘도 눈에 띄게 풍부해진다. "짜증 나요"로 끝나던 말이 "실망스러웠어요. 제 자신에게도 화가 났어요"처럼 구체적인 언어로 바뀐다. 감정을 정확히 표현할 수 있는 언어를 갖게 되면, 감정은 더 이상 통제할 수 없는 폭풍이 아니라 다룰 수 있는 대상이 된다.

감정을 다루는 글쓰기에서 AI는 특별한 역할을 한다. AI는 판단하지 않는 대화 상대다. 어떤 감정을 표현해도 비난하지 않고, 무시하지 않는다. 이 안정적인 환경 속에서 아이들은 더 솔직해질 수 있다. 그러나 분명히 해야 할 것이 있다. AI는 연습의 공간일 뿐, 치유의 주체는 아니다. 아이가 AI와의 대화에서 "저는 가끔 제가 싫어요."라고 썼다면, 그 신호를 읽고 손을 내미는 것은 결국 교사와 부모의 몫이다. 진짜 위로와 연결은 사람 사이에서 일어난다.

5장

{ 생각을 키우는 글쓰기는 다르다 }

이제 짧은 글을 넘어, 한 편의 글을 끝까지 써 보고 싶을 때다.

이 장에서는 생각을 키우고 정리하는 법, 필요한 자료를 찾고 엮는 과정, 글의 구조를 세우고 다듬는 흐름을 차근차근 따라간다. 아이들이 긴 호흡의 글을 완성해보는 경험을 쌓을 수 있도록 안내한다.

글쓰기, 생각을 빚는 일이다.

도예가가 흙을 빚듯, 작가는 생각을 빚는다. 형태가 없는 흙덩어리를 다듬고, 모양을 잡고, 균형을 맞추면서 하나의 작품이 된다. 생각도 마찬가지다. 처음에는 산만하고 흩어져 있지만 흐트러진 생각들을 모으고, 정리하고, 연결하고, 구조화하면서 조금씩 변화가 일어난다. 막연했던 생각이 문장이 되고, 문장들이 단락이 되고, 단락들이 모여 하나의 완성된 글이 된다. 작가는 생각을 빚는 것이다.

존 듀이(John Dewey)는 "우리는 경험으로부터 배우지 않는다. 우리는 경험에 대한 성찰을 통해 배운다."라고 말했다. 그에게 진짜 배움은 단순히 정보를 받아들이는 게 아니라, 그것을 자기 것으로 만드는 과정이었다. 질문하고, 연결하고, 재구성하는 것 바로 생각하는 법을 배우는 것이다.

글쓰기는 생각하는 법을 배우는 가장 확실한 방법이다. 머릿속에만 있을 때는 모호했던 생각이 글로 쓰는 순간 명확해진다. "내가 하고 싶은 말이 맞나?", "이 순서가 맞나?" 생각하고 다시 배치해보게 된다. 글을 쓰면서 생각이 정리되고, 생각을 정리하면서 더 깊이 이해하게 된다.

요즘의 아이들은 질문 하나만 입력하면 AI가 즉시 답을 내놓는 세상에서 산다. 정보를 찾기 위해 여러 책을 뒤적이거나, 답을 찾기 위해 오래 고민할 필요가 없어 보인다. 편리함은 커졌지만, 역설적으로 스스로 생각할 이유는 줄어들고 있다.

하지만 진짜 중요한 것은 답이 아니라 과정이다. 답을 찾아가는 과정에서 생각하는 근육이 자라고, 연결하는 능력이 생기고, 비판적으로 판단하는 힘이 길러진다. AI가 제공하는 정보를 그대로 받아쓰는 것과 그것을 바탕으로 자기 생각을 정리하는 일은 전혀 다른 일이다.

이 장에서는 생각을 글로 빚어내는 과정을 만난다. 흩어진 생각을 모으고, 정보의 바다에서 필요한 것을 건져내고, 구조화 하고, 다듬는 과정을 AI와 함께 하면서 막막하지 않고 명확해질 수 있다.

AI는 이 모든 과정에서 훌륭한 안내자가 되어준다. 막힌 생각을 풀어주는 질문을 던지고, 미처 생각하지 못한 선택지를 보여준다. 또 글에 대한 피드백을 제공한다. 혼자였다면 포기했을 순간에 함께 고민해주고, 시작을 함께 열어준다.

하지만 절대 잊지 말아야 할 것이 있다. AI는 도구다. 훌륭한 조력자이지만, 대신 생각해주는 존재는 아니다. 질문을 던지는 것은 AI가 하지만 답을 선택하는 것은 나 자신이다. 생각은 내 것이고, 글도 내가 쓴다. AI가 아무리 발전해도, 내 경험은 나만이 쓸 수 있고, 내 마음은 나만이 표현할 수 있다. 직접 자기 손으로 생각을 빚어야 진짜 글이 된다.

| 1 |

생각을 깨우는 5가지 방법

4장에서는 아이들이 글쓰기의 즐거움을 발견하고 친해지는 경험을 했다면 이제는 한 단계 더 나아가서 생각을 체계적으로 정리하고, 설득력 있게 표현하고, 독자에게 명확하게 전달하는 법을 배울 차례다.

아이들은 자신의 생각을 말로 표현할 때 신나서 이야기를 한다. "선생님, 숙제를 줄여야 한다고 생각해요. 왜냐하면 집에 가서 숙제를 할 시간도 없고, 숙제를 하다가 어려우면 스트레스가 생기고, 늦게 자야 해서 키가 크지 않기 때문이에요." 이렇게 말로는 술술 나오는데, 막상 "그럼 이것을 글로 써볼까?" 하면 막막해 한다. 머릿속 생각을 글로 옮기는 것, 논리적으로 정리하는 것, 순서대로 풀어내는 것이 어렵다.

생각은 빠르고 자유롭지만, 글은 느리고 구조적이기 때문이다. 머릿속에서는 여러 생각이 동시에 떠오르고, 앞뒤로 왔다 갔다 하며, 순간적으로 연결된다. 하지만 글은 한 줄씩 써야 하고, 순서가 있어야 하며, 논리적으로 이어져야 한다. 이 둘을 연결하는 다리가 필요한데, 바로 아이디어를 끌어내는 방법들이다.

앞서 2장에서 독서를 돕는 소크라테스 선생님 프롬프트를 소개했다. 소크라테스식 질문은 표면적인 대답에서 멈추지 않고 계속 질문하며 생각의 깊이로 들어가는 것이다. 소크라테스식 질문 프롬프트를 통해서 AI가 끊임없이 묻고, 아이는 대답하며 자기 생각을 깊이 파고 든다. 이러한 과정은 단순한 주장이 질문을 거듭하며 깊이 있고 설득력 있는 주장으로 발전하게 된다.

프롬프트 1 : 소크라테스 글쓰기 선생님

※ 너는 글쓰기 수업에서 학생의 사고를 깊이 있게 확장시켜주는 선생님 역할이야. 아래와 같은 형식으로 학생과 **소크라테스식 질문**을 주고받으며 아이디어를 발전시켜야 해.

[변수 설정]
주제: {주제}
대상 학년: {학년}

[진행 방식]
1. 학생이 자신의 주장을 간단히 말하면,
2. 너는 그 주장 안에서 핵심 개념을 뽑아내고, 그 의미를 되묻거나 깊이 생각할 수 있는 질문을 한 번에 하나씩 던져.
3. 학생이 답하면, 그 답의 논리나 예시를 바탕으로 다시 질문을 이어가.
4. 질문은 사실, 가치, 대안, 논리 순으로 점점 사고의 층위를 넓히도록 구성해.
5. 학생의 생각이 명확하고 구체적으로 정리되면 마지막에 전체 주장을 요약해줘.

※ 학생이 답을 못하거나 막히면, 생각을 도울 수 있는 예시나 비교 질문을 함께 제시해.

하나의 주장에는 여러 이유가 달려 있다. 논거 확장 게임 프롬프트는 이 유들을 체계적으로 찾아 내고 키우는 놀이다. 다양한 관점에서 생각해보기, 처음 생각한 이유들을 통해서 확장된 이유를 찾아내기로 확장하면서 구체적이고 설득력 있는 논거가 된다. 그리고 강력한 이유를 고르고 구체적인 예를 더하는 과정을 통해서 양에서 질로 변하는 과정을 경험한다. 많이 생각해내고, 그 중에서 가장 설득력 있는 것을 선별하고, 구체적으로 만든다.

이 프롬프트를 활용하면 아이들은 처음 생각했던 한, 두가지 이유에서 출발해 다양한 관점에서 생각해보게 된다. 개인적 이유, 사회적 이유, 교육적 이유 등 여러 각도로 확장되는 것이다.

프롬프트 2 : 논거 확장 게임

⊛ 너는 학생이 글쓰기 주제에 대한 **주장을 더 구체화**할 수 있도록 돕는 선생님 역할이야. 아래 규칙에 따라 학생과 함께 '논거 확장 게임'을 진행해.

[변수 설정]
주제: {주제 예시}
대상 학년: {학년 예시}

[진행 방식]
1. 학생이 찬성 또는 반대 입장을 정하고 간단한 이유를 말해.
2. 너는 그 이유에 대해 "왜 그렇게 생각했는지", "그게 정말 문제인지", "다른 방법은 없는지" 등의 질문을 한 번에 하나씩 던져.

주장을 더 탄탄하게 만드는 방법은 다른 사람의 의견을 상상해보는 것이다. 가상 인터뷰 프롬프트는 아이들이 여러 입장의 사람들과 대화하듯 생각을 확장하게 한다.

하나의 주장을 선생님의 입장, 친구들의 입장, 부모님의 입장에서 생각해보는 활동이다. 이를 통해서 아이들은 자신의 주장에 대해서 보완하고 설득력 있는 대안을 만들어 내기도 한다.

이 프롬프트는 경험 글쓰기에도 활용이 된다. 예를 들어 여행으로 인터뷰를 한다면 같은 여행이더라도 각자의 시각과 감정이 다르다는 것을 발견하게 된다. 이는 경험의 글에서도 글에 깊이를 더할 수 있다.

가상 인터뷰의 힘은 관점의 전환이다. 내 입장에만 갇혀 있던 생각이 여러 각도로 펼쳐지면서 글이 입체적이고 풍부해진다.

프롬프트 3 : 가상 인터뷰

◉ 너는 교내 신문에 실릴 찬반 토론 글을 준비하는 인터뷰 진행자 역할이야. 학생은 인터뷰를 통해 자신의 주장을 구체화해 나가는 역할이야.

```
[변수 설정]
주제: {주제 예시}
대상 학년: {학년 예시}

[진행 방식]
1. 학생에게 "왜 그렇게 생각하나요?"라고 물으며 인터뷰를 시작해.
2. 학생이 대답하면, 그 주장에 대한 반문이나 구체화 질문을 이어서 던져.
3. 학생의 답이 막히거나 단순할 경우, "그렇다면 이런 상황에선 어떨까요?" 또는
   "다른 친구는 이렇게 말했는데 어떻게 생각해요?" 등으로 반응을 유도해.
4. 학생의 입장이 정리되면, 마지막에 인터뷰 전체 내용을 요약하고, 그 내용을 바탕
   으로 글을 써보도록 유도해줘.
```

"오늘 나의 기분은 좋아요." 좋은 시작이다. 하지만 많은 아이들은 여기에서 더 나아가기 어려워한다. 기분이 좋다는 사실은 알지만, 왜 좋았는지, 어떤 순간에 그 감정이 생겼는지를 떠올리는 일은 막막하기 때문이다. 그래서 경험을 쓰라고 하면 사건의 나열로 끝나거나, 감정은 한 단어로만 남는다.

이때 필요한 것이 감정을 따라가며 경험을 다시 불러오는 질문이다. 감정 추적 질문 프롬프트는 "언제 가장 좋았어?", "그때 몸은 어떻게 느꼈어?", "그 순간 어떤 생각이 스쳤어?"와 같은 질문으로 아이의 기억을 천천히 되짚는다. 막연했던 '좋아요'는 하나의 장면이 되고, 감정은 경험 속에 자리를 잡는다. 그렇게 단순한 한 문장은, 아이의 마음이 담긴 생생한 경험의 이야기로 변해 간다.

프롬프트 4 : 감정 추적 질문

◎

주제: {주제}
대상 학년: {학년}

[진행 방식
1. 학생이 겪은 어려운 상황을 간단히 말하면,
2. 너는 그때 어떤 감정을 느꼈는지, 왜 그렇게 느꼈는지 물어봐.
3. 감정이 어떻게 바뀌었는지, 어떤 계기로 극복했는지를 순서대로 따라가며 질문해.
4. 마지막엔 학생이 그 경험에서 얻은 **깨달음**이나 **지금의 변화**를 말할 수 있
   도록 유도해.

경험을 글로 쓸 때 가장 어려운 것은 순서대로 정리하는 것이다. 머릿속에 뒤죽박죽인 기억들을 배열한다는 것은 어려운 일이기도 하다. 아니면 보통은 아이들은 타임 테이블처럼 무엇을 했고, 그 다음에 무엇을 했는지 나열하는 것으로 끝낸다.

시간 순 사건 재구성 게임 프롬프트는 아이들이 어려워하는 사건의 순서, 시간의 흐름을 나열하게 하고 그것을 바탕으로 자신의 경험과 감정을 적을 수 있도록 돕는다. 단순한 나열이 아니라, 의미 있는 순간들을 선별하고 배치하는 법을 배우는 것이다.

```
프롬프트 5 : 사건 재구성 조각 맞추기


주제: {주제}
대상 학년: {학년}

[진행 방식]
1. 학생이 한 가지 경험을 고르면,
2. 너는 다음과 같은 시간 흐름에 따라 질문을 던져:
    (1) 시작하기 전 상황은 어땠는지
    (2) 그때 어떤 문제가 생겼는지
    (3) 어떤 선택을 했는지
    (4) 결과가 어땠는지
    (5) 지금 그 일을 어떻게 생각하는지
```

이러한 프롬프트들은 각기 다른 방식으로 아이들의 생각을 끌어내며, 아이디어가 흘러갈 수 있는 길을 만들어 준다.

소크라테스식 질문은 생각을 깊이 파고들게 하고, 논거 확장은 하나의 생각을 여러 관점으로 넓힌다. 가상 인터뷰는 시선을 입체적으로 만들며, 감정 추적 질문은 막연한 표현을 구체적인 경험으로 바꾼다. 시간 순 재구성은 흩어진 생각을 정리해 글의 흐름을 세운다. 서로 다른 방식이지만, 이 프롬프트들은 모두 아이가 생각을 만들어 가도록 돕는다는 공통된 목적을 가진다.

처음에는 이런 질문들이 아이들에게 낯설게 느껴질 수 있다. "왜 이렇게 많이 물어봐요?"라며 불평하기도 한다. 하지만 반복해서 경험하다 보면,

막막했던 글쓰기는 점점 방향을 찾는다. 아이들은 어느 순간부터 스스로 묻기 시작한다. "왜 이렇게 생각했지?", "다른 관점에서는 어떨까?", "더 구체적으로 쓰려면 무엇이 필요할까?" 질문이 외부에서 내부로 옮겨가는 순간, 글쓰기는 과제가 아니라 사고의 도구가 된다.

이 절의 핵심은 글을 잘 쓰게 만드는 데 있지 않다. 생각하는 방식을 기르는 데 있다. 왜라고 묻는 습관, 관점을 바꾸어 보는 태도, 생각을 정리하고 구체화하는 힘은 글쓰기뿐 아니라 학습과 문제 해결, 의사소통 전반으로 이어진다. 글쓰기에서 배운 사고법이 삶의 사고법이 되는 것이다.

이 과정에서 AI는 생각을 비춰 주는 거울의 역할을 한다. 질문을 던지고 가능성을 제안하지만, 답을 대신 내주지는 않는다. 무엇을 선택하고 어떻게 표현할지는 끝까지 아이의 몫이다. 그리고 그 선택을 이해하고 다음 단계로 이끄는 역할은 교사의 전문성에 있다.

아이들이 빈 종이 앞에서 더 이상 막막해하지 않는 것, 이미 쓸 생각과 펼칠 아이디어를 가지고 있다는 것, 그것만으로도 큰 변화다. 어떤 글이든 좋은 글은 결국 좋은 생각에서 나온다. 그리고 좋은 생각은 질문을 통해 만들어진다. 아이디어를 끌어내는 다양한 길을 경험한 아이들은, 생각이 저절로 떠오르는 것이 아니라 스스로 만들어 가는 것임을 배우게 된다.

| 2 |

자료를 똑똑하게 고르는 법

아이디어를 끌어내는 법을 배운 아이들이 새로운 벽에 부딪힌다. 바로 자료조사다.

생각이 풍부해진 아이들은 글을 쓰다가 자연스럽게 궁금증을 갖게 된다. 누가 시켜서가 아니라, 자기 글을 더 탄탄하게 만들고 싶어서 자료 조사의 필요성을 스스로 느끼는 것이다.

하지만 문제가 있다. 인터넷에는 정보가 너무 많다. 검색창에 키워드 하나만 쳐도 수백, 수천 개의 결과가 쏟아진다. 무엇이 진짜이고 가짜인지, 어떤 자료가 믿을 만한지, 어디서부터 찾아야 할지 아이들은 막막해 한다.

자료 조사는 단순히 정보를 모으는 게 아니다. 필요한 정보를 찾고, 신뢰할 수 있는지 판단하고, 내 글에 맞게 활용하는 종합적인 사고 과정이다. AI 시대를 살아갈 아이들에게 꼭 필요한 능력이기도 하다.

프롬프트 1: 자료 조사 프롬프트

◈ 너는 내가 글을 잘 쓸 수 있도록 도와주는 정보 도우미야. 나는 지금 '{주제}'에 대해 글을 쓰려고 해. 먼저 아래 질문에 하나씩 답해줘. 내가 더 궁금한 게 생기면 계속 질문할게. 너는 항상 **초등학생이나 중학생이 이해할 수 있는 말**로 설명해줘.

1. '{주제}'가 무엇인지 알려줘.
2. '{주제}'와 관련된 구체적인 예시를 3~5가지 소개해줘.
3. '{주제}'가 왜 중요한지 또는 문제가 되는 이유를 알려줘.
4. 우리가 일상에서 '{주제}'와 관련해 할 수 있는 일이나 행동은 뭐가 있을까?
5. 사람들이 '{주제}'와 관련해 실제로 했던 노력이나 사례를 알려줘.

※ 설명할 때는 **출처가 있거나 사실에 기반한 내용**을 알려줘.
※ 잘 모르는 정보는 추측하지 말고, "이건 정확하지 않을 수 있어."라고 말해줘.

이 자료조사 프롬프트로 '전체주의'에 대해 탐구해보자.

프롬프트 1 결과 예시

◉ 좋아요.
'전체주의'라는 주제는 조금 어려울 수 있지만, 초등학생이나 중학생도 이해할 수 있도록 쉽고 정확하게 설명해줄게요. 사실에 기반한 내용으로 정리했어요. (출처: BBC, 브리태니커, 국립민주주의기념관, 한국근현대사 교과서 등)

1. 전체주의가 무엇인가요?
　전체주의(總體主義, Totalitarianism)란
　나라의 권력을 한 사람(또는 소수의 집단)이 모두 독차지해서, 국민의 생각, 행동, 말, 심지어 감정까지 통제하는 정치 체제를 말해요. 쉽게 말해, "국가가 모든 걸 결정하고, 국민은 그저 시키는 대로 해야 하는 사회"예요. 이런 사회에서는 지도자에 대한 비판이 금지되고 언론이나 교육이 모두 정부의 생각대로만 움직이며 사람들의 자유(말할 자유, 생각할 자유, 모임의 자유)가 사라져요.

2. 전체주의의 구체적인 예시 (사실 기반)
히틀러의 나치 독일 (1933~1945)
아돌프 히틀러가 독재자가 되어 모든 권력을 장악했어요. 독일 국민에게 '순종'과 '충성'을 강요했고,
유대인과 장애인 등 많은 사람들을 박해했어요.
출처: 독일연방기록보관소, 《The Rise and Fall of the Third Reich》(William Shirer, 1960)

스탈린의 소련 (1920~1953)
소비에트연방(소련)에서 요제프 스탈린이 비밀경찰과 공포정치를 이용해 반대자들을 감옥에 보내거나 처형했어요. 사람들은 자유롭게 말하지 못했고, 신문과 방송은 모두 정부의 말을 그대로 전했어요.
출처: 브리태니커 백과, BBC History

무솔리니의 이탈리아 (1922~1943)
베니토 무솔리니는 '국가가 개인보다 더 중요하다'고 주장했어요. 파시즘을 내세우며 반대 세력을 억압하고 언론을 통제했죠.
출처: Encyclopaedia Britannica

북한 (현재)
김일성 → 김정일 → 김정은으로 이어지는 세습 체제예요. 지도자를 비판할 수 없고, TV·신문·학교에서 모두 같은 내용을 가르쳐요.
출처: 국립민주주의기념관, 유엔 인권보고서(UN Human Rights Council, 2014)

3. 전체주의가 왜 중요한지, 왜 문제가 되는가?
전체주의는 '자유를 빼앗는 체제'이기 때문이에요. 사람은 누구나 생각하고 말할 자유, 다른 의견을 낼 권리가 있는데, 전체주의는 이런 기본 권리를 없애버려요. 그래서 문제점은 다음과 같아요.
비판이 사라지면 잘못된 결정이 고쳐지지 않아요.
권력이 한곳에 모이면 부패나 폭력이 생기기 쉬워요.

사람들은 두려움 때문에 침묵하게 되고, 사회가 점점 무너져요.
참고: 한나 아렌트의 『전체주의의 기원』(The Origins of Totalitarianism, 1951)

4. 우리가 일상에서 할 수 있는 일
전체주의를 막기 위해서는 작은 자유와 비판의 목소리를 지키는 게 중요해요.
예를 들어,
친구나 선생님이 다르게 생각해도 존중하는 태도 가지기
뉴스를 볼 때 여러 관점에서 생각하기
'왜 그런지' 스스로 판단하고 질문하기
학교나 사회에서 부당한 일에 침묵하지 않기
이런 행동들이 모여 민주주의를 지키는 힘이 돼요.

5. 사람들이 전체주의에 맞서 했던 실제 노력들
독일의 '백장미단'(White Rose Movement, 1942)
뮌헨대학생들이 나치의 폭력을 비판하는 전단지를 나눠주었어요. "침묵은 죄다."
라는 말을 남기고 처형되었지만, 지금은 양심과 용기의 상징이 되었어요.
출처: 독일 뮌헨 백장미 기념관
폴란드의 '연대노조'(Solidarity Movement, 1980년대)
노동자와 시민들이 평화적으로 공산정권에 맞서 싸워 결국 민주주의를 되찾았어
요.
출처: 노벨평화상위원회 기록, 1983년

대한민국의 6월 민주항쟁 (1987)
국민들이 독재정권에 맞서 거리로 나와 대통령을 국민이 직접 뽑을 수 있게 바꿨어
요.
출처: 민주화운동기념사업회

'전체주의'처럼 어려운 주제를 쓰려면, 이렇게 이해-사례-문제점-대안의 흐름으로 생
각하는 게 아주 효과적이에요.

이 프롬프트는 아이들이 체계적으로 정보를 수집하도록 안내한다. '전체
주의'처럼 어려운 주제도 다섯 가지 질문으로 구조화된다. 정의, 사례, 문

제점, 실천 방법, 역사적 노력 이 순서를 따라가면 구체적인 정보로 채워진다. 실제로 학교 역사 시간에 배우는 내용을 주제로 잡았을 때 어려운 내용과 개념을 눈높이에 맞는 언어로 바꾸어 설명해 이해가 가능해진다. 중요한 것은 정보의 정확성을 강조하는 방식이다. 프롬프트는 "출처가 있거나 사실에 기반한 내용을 알려줘.", "잘 모르는 정보는 추측하지 말고 정확하지 않을 수 있다고 말해줘."처럼 명확한 기준을 제시한다. 이러면 아이는 정보를 무조건 믿는 게 아니라, 출처를 확인하고 신뢰도를 판단하는 습관을 기른다. 설명글과 보고서를 위한 자료 조사의 핵심은 정확성과 이해다. 정확한 정보를 찾되, 그것을 내가 이해하고 내 말로 설명할 수 있어야 한다. 여기서 중요한 것은 AI와의 대화를 통해 아이들이 정보를 '복사'하는 게 아니라 '이해'하게 된다는 점이다.

다음의 프롬프트는 아이들이 자기 주장을 뒷받침하는 증거를 체계적으로 찾도록 돕는다. 통계, 전문가의 의견, 반대 의견 등을 찾으며 단순한 의견이 아니라 증거로 뒷받침된 논증을 찾아간다. 주장하는 글을 위한 자료 조사의 핵심은 균형과 설득력이다. 내 주장을 뒷받침하는 증거뿐 아니라, 반대 의견도 이해하고 대응하는 것이 진짜 설득력을 만든다. 한쪽 이야기만 듣고 판단하는 것이 아니라, 여러 입장을 비교하며 자기 주장을 단단하게 만드는 과정이다.

프롬프트 2: 주장에 대한 배경 조사

⊛ 너는 내가 글을 잘 쓸 수 있도록 도와주는 정보 도우미야. 나는 지금 '{주제}'라는 주제로 찬반이 나뉘는 글을 쓰려고 해. 먼저 아래 질문에 하나씩 답해줘. 내가 더 궁금한 게 생기면 계속 질문할게. 너는 항상 **초등학생이나 중학생이 이해할 수 있는 말**로 설명해줘.

1. 사람들이 '{주제}'에 대해 어떤 관심을 갖고 있는지 알려줘.
2. '{주제}'에 관련된 실제 사례나 사회적 이슈가 있었는지 소개해줘.
3. '{주제}'에 찬성하는 입장은 어떤 이유를 들어?
4. 반대하는 입장은 어떤 이유를 들어?
5. 우리나라 또는 다른 나라에서 관련된 법, 제도, 사회 분위기는 어때?
6. 내가 입장을 정할 수 있도록 생각을 정리하는 데 도움을 줘.

※ 설명할 때는 **출처가 있거나 사실에 기반한 내용**을 알려줘.
※ 잘 모르는 정보는 추측하지 말고, "이건 정확하지 않을 수 있어."라고 말해줘.

대안을 제시하거나, 계획서, 프로젝트를 위한 글을 쓸 때는 다른 방식의 자료 조사가 필요하다. 단순히 정보를 찾는 것이 아니라, 가능성을 탐색하고, 실현 방법을 보색해야 하기 때문이다.

프롬프트 3 : 사업 기획 도우미

⊛ 너는 내가 창의적인 사업 아이디어를 만들 수 있도록 도와주는 기획 도우미야. 나는 지금 '{주제}'에 대한 계획서를 쓰고 있어. 너는 초등학생이나 중학생도 이해할 수 있는 말로 설명해줘. 아래 질문에 차례로 답해줘. 더 궁금한 게 생기면 또 물어볼게.

이 프롬프트는 문제 인식부터 해결 방법 탐색, 실현 가능성과 검토까지 단계적으로 안내한다. 아이들은 다른 사례를 참고하되, 그것을 그대로 가져오는 게 아니라 상황에 맞게 조정하는 법을 배운다. 이렇게 사례를 자기 상황에 맞게 응용하는 것이 창의적 문제 해결의 핵심이다.

좀 더 체계적인 사업 계획서나 프로젝트 제안서를 쓸 때는 다음 프롬프트를 활용할 수 있다. 창의적 문제 해결을 위한 자료 조사의 핵심은 사례 탐색과 실천 가능성이다. 좋은 아이디어를 찾되, 우리 상황에 맞게 조정하고 실제로 실행할 수 있는 계획을 만드는 것이다. 이 과정에서 아이들은 '이론'과 '현실'을 연결하는 법을 배운다.

프롬프트 4 : 체계적인 사업 계획 도우미

＊ 너는 내가 멋진 사업계획서를 쓸 수 있도록 도와주는 기획 도우미야. 나는 지금 '{주제}'라는 주제로 사업 아이디어를 기획하고 있어. 아래 항목별로 하나씩 도와줘. 너는 초등학생이나 중학생도 이해할 수 있는 말로 설명해줘.

1. **문제 정의**
   주제와 관련된 사회적 또는 생활 속 문제가 무엇인지 알려줘.
   이 문제는 왜 중요하고, 누구에게 특히 영향을 주는지도 설명해줘.

2. **기존 해결 시도**
   이 문제를 해결하기 위해 지금까지 어떤 제품, 서비스, 제도 등이 있었는지 소개해줘.
   장점과 한계도 함께 설명해줘.

3. **우리의 아이디어 (제품/서비스 개요)**
   내가 만들려고 하는 '제품'은 어떤 아이디어에서 시작됐고, 무엇을 해결하려고 하는지 알려줘.

4. **핵심 기능 및 특징**
   이 제품/서비스에 들어갈 주요 기능이나 특별한 점을 설명해줘.
   기존에 있던 것과 어떤 점이 다른지도 알려줘.

5. **목표 사용자**
   이 제품/서비스는 어떤 사람(연령, 상황, 생활습관 등)이 쓰면 좋을까? 그 이유도 설명해줘.

6. **기대 효과**
   이 제품/서비스가 사용되면 어떤 긍정적인 변화가 생길 수 있을까? 구체적인 예시와 함께 알려줘.

7. **홍보 방법**
   이 제품/서비스를 많은 사람에게 알리기 위한 방법을 제안해줘.

광고, 체험 행사, SNS 등 다양한 방법을 알려줘.

※ 설명은 꼭 사실에 기반해서 해줘.
※ 잘 모르는 정보는 "정확하지 않을 수 있어."라고 말해줘.

똑똑한 자료 활용을 위한 4가지 원칙

자료를 찾는 것만큼 중요한 것이 자료를 제대로 활용하는 것이다. 이 부분에서 아이들은 AI 시대를 살아가는 시민으로서 꼭 필요한 능력을 배운다.

1) 팩트 체크 : 이게 진짜일까?

"인터넷에서 봤어요."라고 말하는 아이들에게 가장 먼저 가르쳐야 할 것이 팩트 체크다. 인터넷에 있는 모든 정보가 진실은 아니기 때문이다.

아이들과 함께 이렇게 질문해보자. 출처가 명확한가? 누가, 언제, 어디서 만든 정보인가? 전가나 공신력 있는 기관의 정보인가? 다른 곳에서도 비슷한 정보가 있는가? 너무 극단적이거나 자극적이지 않은가? 정보를 보고 그 정보가 과장된 표현인지 아니면 실제 데이터에 기반한 것인지 확인해야 한다. 구체적인 출처와 함께 제시된 정보가 신뢰할 만하다.

2) 교차 검증 : 여러 곳에서 확인하기

한 곳에서만 본 정보는 믿기 어렵다. 최소 3개 이상의 출처에서 확인하는 습관을 들여야 한다. 교차 검증의 원칙은 이렇다. 최소 3개 이상의 출처를 확인하고, 공식 기관이나 전문가, 학술 자료를 우선하며, 정보들이 비슷한지, 다르다면 왜 다른지 생각해보는 것이다.

3) 출처 분석 : 누가 왜 이정보를 만들었을까?

같은 정보라도 누가 만들었느냐에 따라 신뢰도가 달라진다. 출처 분석을 위한 질문으로는 '누가 만든 정보인가? 왜 이 정보를 만들어 쓸까? 편향되어 있지 않은가? 최신 정보인가?'를 살펴 보아야 한다.

4) 저작권과 윤리 : 올바르게 자료 사용하기

좋은 정보를 찾았다고 해서 마음대로 쓸 수 있는 것은 아니다. 저작권과 윤리를 지켜야 한다. 저작권과 윤리의 원칙에는 다른 사람의 글, 그림, 사진, 동영상은 함부로 쓰면 안 되고, 사용할 때는 반드시 출처를 밝혀야 하며, 내 말로 바꿔 쓰더라도 아이디어의 출처는 밝혀야 한다. 인터넷 이미지를 사용한 경우는 무료 이미지 사이트를 활용하거나, 학교에서 제공하는 자료, 혹은 직접 그리거나 찍은 자료를 사용해야 한다.

자료 조사의 과정을 통해서 아이들은 비판적 사고력, 정보 문해력, 연구 능력, 윤리 의식, 글의 깊이를 배운다.

모든 정보를 그대로 믿지 않고 "이게 맞나?", "왜 그럴까?". "다른 의견은 없을까?"를 묻는다. 정보를 수동적으로 받아들이는 게 아니라 능동적으로 판단하는 비판적 사고력이 길러진다. 또한 어떤 정보가 좋은 정보인지 구별할 수 있는 정보 문해력이 높아진다. 출처를 확인하고, 여러 곳을 비교하고, 편향을 발견한다. 이는 AI 시대에 꼭 필요한 능력이다. 다음은 정보를 체계적으로 수집하고 정리하는 연구능력이 향상된다. 질문을 만들고, 계획을 세우고, 필요한 자료를 찾고, 정리하는 전 과정이 연구의 기본이다. 마지막으로 다른 사람의 지적 재산을 존중하는 윤리의식을 배운다. 표절이 왜 나쁜지, 출처를 왜 밝혀야 하는지, 허락을 왜 받아야 하는지 이해한다. 자료를 활용한 글은 훨씬 설득력 있고 풍부하다. "내 생각엔…"으로 시작했던 글이 "통계에 의하면…", "전문가는 이렇게 말했다"로 뒷받침 된다.

AI는 자료 조사에서 훌륭한 도우미임은 분명하다. 어떤 정보를 찾아야 할지 안내해주고, 정보의 신뢰성을 판단하는 질문을 던져주고, 여러 출처를 비교하도록 유도하고, 출처를 올바르게 표기하는 법을 가르쳐 준다. 하지만 주의할 점도 있다. 먼저 AI가 제공하는 정보도 검증이 필요하다. AI도 오류가 있을 수 있고, 정보가 최신이 아닐 수 있다. 그렇기에 아이들에게는 AI는 도와주는 친구가 절대 틀리지 않는 게 아니라 틀릴 수도 있다고 가르쳐야 한다. 다음은 AI에만 의존하면 안 된다. 직접 책을 찾아보고, 선생님께 질문하고, 전문가를 만나는 경험도 중요하다. 일상에서 직접 하는 자료 조사는 AI와 다른 배움을 준다. 마지막으로 AI가 정리해준 것을 그대로 쓰면 안 된다. AI가 요약해준 정보를 읽고, 이해하고, 내 말로 다시 표현해야 한다. 이것이 진짜 공부다.

좋은 글은 좋은 자료에서 나오고, 좋은 자료는 똑똑한 선택에서 나오고, 똑똑한 선택은 비판적 사고에서 나온다는 것을 잊지 말아야 한다. 우리 아이들은 단순히 정보를 받아들이는 사람이 아니라 정보를 판단하고, 선택하고, 활용하는 능동적 학습자가 되어야 한다. 정보 앞에서 멈춰 서서 생각하는 습관, 이것이 AI 시대를 살아갈 아이들에게 가장 필요한 능력이다.

AI 시대에 필요한 것은 정보를 많이 아는 것이 아니다. 정보의 홍수 속에서 진짜를 가려내는 능력, 신뢰할 만한 자료를 찾아내는 능력, 그리고 그것을 윤리적으로 사용하는 태도다. 클릭 한 번으로 수천 개의 정보에 접근 할 수 있는 시대지만, 그 정보들 중에서 진짜 필요한 것을 찾고, 신뢰할 수 있는지 판단하고, 올바르게 활용하는 능력은 저절로 생기지 않는다. 배우고 연습해야 한다.

자료 조사를 제대로 배운 아이는 평생 스스로 배울 수 있는 사람이 된다. 궁금한 것을 스스로 찾아보고, 진위를 판단하고, 새로운 지식을 만들어가는 힘을 갖게 되는 것이다. 그것이 바로 자료 조사가 주는 가장 큰 선물이다.

| 3 |

구조로 설득력 높이기

아이디어도 풍부하고, 자료도 충분히 보았다면 아이들은 새로운 문제에 직면한다. "이걸 어떻게 다 써요?" 이 순간 필요한 것이 구조의 힘이다.

건축가가 집을 짓기 전에 설계도를 그리듯, 작가는 글을 쓰기 전에 구조를 설계한다. 어떤 내용을 먼저 쓰고, 무엇으로 이어가고, 어떻게 마무리할지. 설계도가 있으면 글쓰기는 훨씬 쉬워진다.

생각을 확장하고 자료를 모으다 보면 아이러니한 일이 벌어진다. 바로 너무 많아서 문제가 되는 것이다. 글쓰기에서 가장 어려운 것 중 하나가 바로 '버리기'다. 힘들게 찾은 자료를 버리는 것은 아깝게 느껴진다. 하지만 좋은 글은 모든 것은 담은 글이 아니라, 꼭 필요한 것만 담은 글이다.

글감 선별의 첫 단계는 목적과 독자를 명확히 하는 것이다. 내가 이 글로 무엇을 전하고 싶은가? 이 글을 읽는 사람은 누구인가? 설명하려는 것인가? 설득하려는 것인가에 따라 필요한 자료가 달라진다. 글감 자료 선별하기 프롬프트는 아이들이 모은 것들 중에서 진짜 필요한 것을 선별하도록 돕는다. 글감 선별의 핵심은 '덜어내기'다. 많이 담는 것이 아니라, 꼭 필요한 것만 남기는 것. 그래야 글이 명확하고 강력해진다.

프롬프트 1 : 글감 자료 선별하기

◉ 나는 글을 쓸 때 필요한 자료를 선택하고 싶어. 너는 나에게 생각을 자극할 질문과 작은 힌트를 줘.
{모은 자료 입력}

예시 질문:
- 지금 모은 자료 중에서 이 글을 읽는 사람에게 가장 흥미롭거나 필요한 것은 무엇일까?
- 글을 통해 전달하고 싶은 핵심 메시지는 무엇일까?
- 지금 자료 중 글의 목적과 관련 없는 내용은 무엇일까?

힌트:
- 자료를 다 버리라는 뜻이 아니라, 글의 중심을 살리는 것에 맞춰 선택해줘.

글감을 선별했다면, 이제 어떤 순서로 쓸지 정해야 한다. 이것이 바로 개요 짜기다. 개요는 글의 뼈대, 글의 지도다.

개요 짜기의 핵심은 전략적으로 배치하는 것이다. 시간 순서가 항상 답은 아니다. 중요도 순서, 관심도 순서, 인과 관계 순서 등 글의 목적에 맞는 순서를 선택해야 한다.

주장하는 글을 쓴다면 이렇게 구성할 수 있다. 문제 제기로 시작해 독자의 관심을 끌고, 원인을 분석하여 문제를 뿌리를 파악하고, 해결책을 제시하고, 예상되는 효과를 보여준다. 혹은 주장을 먼저 밝히고, 근거를 차례로 제시한 후, 반대 의견에 대응하고, 마지막에 주장을 다시 강조하는 방식도 가능하다.

설명하는 글이라면 정의로 시작해 개념을 명확히 하고, 종류를 나누어 체계적으로 보여주고, 각각의 특징을 설명하고, 구체적인 사례를 들어 이해를 돕고 의미를 정리한다. 혹은 전체를 먼저 개관하고, 세부 내용으로 들어갔다가, 다시 정리하는 방식도 효과적이다.

이야기 글이라면 시작-사건-절정-결말의 시간 순서가 자연스럽지만, 때로는 인상적인 장면으로 시작해 독자를 사로잡은 후, 회상하며 사건을 전개하고, 마지막에 의미를 발견하는 구조도 좋다.

글의 종류에 따라 분류하고 구조화 하는 방법도 다양하다. 비교하는 글이라면 공통점과 차이점으로, 문제 해결 글이라면 현황 - 문제점 - 해결 방안으로 구성할 수 있다.

개요를 짤 때 중요한 것은 완벽함이 아니라 명확함이다. 처음부터 완벽한 개요를 만들 필요는 없다. 쓰다가 순서를 바꿀 수도 있고, 항목을 추가하거나 빼낼 수도 있다. 개요는 고정된 틀이 아니라 유연한 지도다. 지도가 있으면 길을 잃지 않는다는 것이 개요의 가장 큰 힘이다.

프롬프트 2 : 글의 구조 잡기

＊ 나는 글의 전체 구조를 잡고 싶어. 내 글 유형은 {글 유형}이고, 나는 {학년}학년이야. 너는 내 학년과 글 유형에 맞게, 내 생각을 자극하는 질문과 힌트로 개요를 잡는 방법을 안내해줘.

예시 질문:
- 내 글의 핵심 아이디어를 어떤 순서로 보여주면 가장 설득력 있을까?

제목은 글의 첫인상이다. 내용이 아무리 좋아도 제목이 지루하면 사람들은 읽지 않는다. 서점에서 책을 고를 때를 생각해보면 알 수 있다. 우리는 제목을 보고 손이 가고, 제목을 보고 펼쳐본다. 좋은 제목은 글의 내용을 압축하면서도, 독자의 호기심을 자극한다. 제목 제안하기 프롬프트는 아이들이 글의 내용을 압축하면서도 호기심을 자극하는 제목을 만들도록 돕는다.

제목을 만들 때 유용한 방법들이 있다. 질문으로 만들기, 숫자 활용하기, 대조 사용하기, 구체적 장면 제시하기 등이다. 처음부터 완벽한 제목을 만들려고 애쓸 필요는 없다. 글을 다 쓴 후에 제목을 다시 고치는 경우도 많다. 글을 쓰면서 핵심이 더 명확해지기 때문이다. 여러 개의 제목을 만들어보고 선택하는 것도 좋은 방법이다.

프롬프트 3 : 제목 제안하기

◉ 나는 아래 글에 어울리는 제목을 만들고 싶어. 너는 내 생각을 자극하는 질문과 작은 힌트를 줘.
{내 글 입력}

예시 질문:
- 글을 한눈에 보여주는 핵심 단어는 무엇일까?
- 사람들의 호기심을 자극하려면 어떤 말이나 표현을 써볼 수 있을까?
- 길거나 어려운 말 대신 간단하고 인상적인 표현으로 바꾸면 어떻게 될까?

힌트:
- 제목은 글의 내용을 압축하고 흥미를 끄는 역할임을 기억하게 도와줘.

빈 종이 앞에서 가장 오래 머뭇거리는 순간이 바로 첫 문장을 쓸 때이다. 첫 문장은 문을 여는 일이다. 독자를 내 글의 세계로 초대하는 첫 인사다. 그래서 중요하지만, 동시에 너무 부담을 가질 필요는 없다.

첫 문장을 시작하는 방법은 여러가지가 있다. 질문으로 시작하기, 놀라운 사실로 시작하기, 장면으로 시작하기, 선언으로 시작하기 등이다. 첫 문장을 추천하기 프롬프트는 다양한 시작 방식을 제안한다.

첫 문장의 역할은 완벽한 정보를 주는 것이 아니다. 독자의 발걸음을 멈추게 하고 "읽어 봐야겠네." 하고 생각하게 만드는 것이다. 다음 문장이 궁금하게 만드는 것, 그것이 첫 문장의 핵심이다.

프롬프트 4 : 첫 문장 추천

◎ 나는 아래 글의 첫 문장을 쓰고 싶어. 너는 내 생각을 자극하는 질문과 작은 힌트를 줘.
{내 글 입력}

예시 질문:
- 독자가 바로 관심을 가지게 하려면 질문, 사실, 이야기, 선언 중 어느 방식이 적절할까?
- 첫 문장에서 글의 주제나 핵심 메시지를 어떻게 살짝 보여줄 수 있을까?
- 호기심을 끌 수 있는 단어나 상황은 무엇일까?

힌트:
- 첫 문장은 완벽하지 않아도 돼. 다음 내용을 읽고 싶게 만드는 방법에 집중하게 해줘.

글감 선별하기, 개요 짜기, 제목 짓기, 첫 문장 쓰기. 이 모든 과정을 경험한 아이들은 큰 변화를 겪는다.

가장 먼저, 큰 과제를 작은 단계로 나누는 힘을 배운다. 또한 생각을 조직화하는 능력을 기른다. 머릿속에 뒤죽박죽이던 생각들이 순서를 찾고, 연결되고, 구조를 갖추게 된다. 이것을 글쓰기뿐 아니라 발표를 준비할 때, 프로젝트를 계획할 때, 문제를 해결할 때도 도움이 된다. 복잡한 것을 정리하는 힘이 생기는 것이다.

어떤 이들은 "구조가 짜여지면 쓰고 싶은 대로 쓰지 못해서 재미가 없어지는 것 아니냐."라고 말한다. 하지만 이것은 오해다. 구조는 자유를 제한하는 게 아니라, 자유롭게 쓸 수 있는 틀을 제공한다. 좋은 생각도 구조 없이는 독자에게 전달되지 어렵다. 아무리 맛있는 음식도 그릇 없이는 담을 수 없듯이 아무리 좋은 생각도 구조 없이는 글이 될 수 없다. 구조는 생각을 담는 그릇이고, 생각을 전달하는 길이다.

글의 구조를 디자인하는 법을 배운 아이들은 이제 막막함 앞에서 멈추지 않는다. 큰 과제를 작은 단계로 나누고, 생각을 조직화하고, 지도를 그리며 나아간다. 구조는 아이들이 생각을 펼치는 든든한 발판이 된다.

| 4 |

수정은 내가, 스스로 다듬기

AI 시대의 글쓰기에는 하나의 역설이 있다. 기계가 점점 더 완벽한 글을 쓸 수 있게 될수록, 오히려 사람이 쓴 글의 가치는 더 소중해진다는 점이다. 그리고 그 가치는 바로 진정성에 있다.

교실에서 아이들의 글을 읽다 보면 묘한 대비를 자주 마주하게 된다. 어떤 글은 문법도 완벽하고 문장도 매끄럽지만, 읽고 나면 아무것도 남지 않는다. 반면 맞춤법이 틀리고 문장이 어색해도, 읽는 내내 그 아이의 얼굴이 떠오르고 마음이 움직이는 글이 있다. 글의 완성도와 글의 울림이 꼭 비례하지는 않는다는 사실을, 아이들의 글은 분명하게 보여준다.

"선생님, 이거 AI가 고쳐 준 거예요. 훨씬 나아졌죠?"

아이가 자랑스럽게 내민 글은 확실히 매끄럽다. 하지만 처음 초고에 담겨 있던 그 아이만의 톡톡 튀는 표현, 서툴지만 진심이 느껴지던 문장들은 사라져 있다. 세련되었지만 어딘가 생기가 없다. 글이 좋아진 것 같지만, 동시에 중요한 무언가가 빠져나간 느낌이다.

글을 쓰고 나면 피드백을 받는 과정이 필요하다. 피드백은 단순히 잘못을 고쳐 주는 일이 아니라, 나 자신을 발견하게 해 주는 거울이다. "이 장면의 묘사가 생생해."라는 말을 들으며 아이들은 자신이 잘하는 것이 무엇인지 알게 되고, 그 순간부터 자신감이 자라기 시작한다. 강점을 아는 것은 글쓰기의 방향을 잡아 주고, 자기만의 스타일을 찾아가는 출발점이 된다.

물론 약점을 마주하는 일은 쉽지 않다. 누군가에게 지적을 받는 일을 좋아하는 아이는 없다. 부드럽게 말해 주는 AI의 평가조차 속상하게 느껴질 수 있다. 하지만 약점을 아는 것은 나쁜 일이 아니다. 어디를 고쳐야 할지 알게 되고, 같은 실수를 반복하지 않게 되며, 조금씩 균형 잡힌 필자로 성장해 간다. 비유는 뛰어나지만 구조가 약한 아이, 논리는 탄탄하지만 감정 표현이 서툰 아이가 하나씩 보완해 가며 글을 단단하게 만들어 간다.

아이들은 종종 이렇게 묻는다. "선생님, 이거 AI한테 고쳐 달라고 하면 안 돼요? 저보다 훨씬 잘 고칠 것 같은데요." AI에게 맡기면 문법 오류는 사라지고 문장은 세련되며 구조는 논리적으로 바뀐다. 결과만 보면 분명 좋아 보인다. 그러나 그 과정에서 아이가 담고 싶었던 마음과 목소리, 경험의 결은 점점 희석된다. 누가 써도 비슷한 글, 어디서나 볼 수 있는 글이 되어 버린다.

AI가 대신 고쳐 준 글에는 결과는 있을지언정 배움은 남지 않는다. 반면 아이가 직접 고친 글은 완벽하지 않아도 진짜 배움이 일어난다. 글을 고친다는 것은 단순히 문장을 다듬는 일이 아니라, 생각을 다시 하는 과정이기 때문이다. "이 문장은 왜 어색하지?"라고 묻다 보면, "아, 내가 진짜 하고 싶은 말은 이거였구나." 하고 깨닫게 된다. 쓰고, 고치고, 다시 쓰는 과정 속에서 생각은 정리되고 깊어진다.

그래서 아이들에게 글쓰기는 결과물이 아니라 과정임을 알려 주어야 한다. 쓰면서 생각이 정리되고, 고치면서 생각이 깊어진다는 사실을 경험하게 해야 한다. 이것은 AI가 대신해 줄 수 없는, 오직 사람만이 할 수 있는 일이다.

AI 시대에 휴먼 터치는 오히려 가장 큰 강점이 된다. 완벽한 문장보다 진심이 담긴 문장이 사람의 마음을 움직이기 때문이다. AI는 많은 일을 할 수 있지만, 내 이야기를 대신 써 줄 수는 없다. 경험은 나만의 것이고, 그 경험을 글로 만드는 일 역시 나만이 할 수 있다. 그것이 진짜 이야기다.

기계가 완벽한 글을 쓸 수 있는 시대에 우리 아이들에게 필요한 것은 완벽함이 아니라 진정성이고, 기술이 아니라 마음이며, 속도가 아니라 깊이다. 글을 고치며 생각이 변하는 경험, 진짜 내 이야기를 써 보는 경험이 바로 휴먼 터치의 가치다. 글쓰기는 단순히 글을 만드는 일이 아니라, 나를 만들어 가는 과정이다.

"완벽하지 않아도 돼."

맞춤법이 틀려도, 문장이 어색해도, 논리가 완벽하지 않아도 괜찮다고 말해 주어야 한다. 중요한 것은 그것이 너의 글이라는 사실이다. 글을 고치는 과정은 귀찮은 일이 아니라, 생각이 더 또렷해지고 표현이 정확해지며 성장하는 시간이라는 것을 반복해서 경험하게 해야 한다. 아이들은 글을 고치며 생각도 함께 키워 간다.

기계가 할 수 없는 것, 사람만이 할 수 있는 것이 있다. 진심을 담는 일, 경험을 나누는 일, 실수하고 배우며 자기만의 목소리를 찾아가는 일이다. 교실에서 아이들의 글을 읽다 보면 서툴고 어색하지만 살아 숨 쉬는 문장들을 만난다. 그 문장들 속에서 아이들이 조금씩 자라는 모습을 본다. 실수하고, 고치고, 다시 쓰면서 자기 목소리를 찾아가는 그 과정이 바로 글쓰기의 가치다.

AI 시대이기에 이 가치는 더욱 소중하다. 아이들은 자신의 글 속에서 자라고, 생각은 깊어지고, 마음은 단단해진다. 살아 숨 쉬는 아름다운 글의 감각을, 아이들이 꼭 경험했으면 좋겠다.

나가며

AI 시대, 전문가들은 질문하는 능력이 가장 중요하다고 말한다.

질문을 잘한다는 것은 단순히 프롬프트를 잘 작성하는 능력에 그치지 않는다. 모든 사람과 사물, 현상에 호기심을 가지고 눈을 반짝이며 바라보는 것에서 질문은 시작한다. 똘망똘망한 눈으로 새로운 세상을 바라보던 우리 아이들은, 언제 어디서부터 호기심을 잃어버렸을까? 우리는 이 책의 프롬 프트들을 통해, 이 아이들의 호기심을 AI가 주는 질문으로라도 살려보고자 했다.

질문을 한다는 것은 문제를 정의하는 것이다. 질문을 통해 우리는 나 자신의 이해를 점검하고, 타인과 나의 생각이 어디서 다른지 살펴보고, 다른 관점을 탐색하며, 문제를 명확하게 정의할 수 있다. 독서와 글쓰기는 이러한 과정을 동시에 경험하게 하는 가장 강력한 도구다. 책을 읽으며 등장인물의 선택과 사건을 분석하고, 다양한 관점과 논리를 따라가면서 사고의 폭을 넓힌다. 글을 쓰면서는 스스로 생각을 구조화하고, 문제를 정의하며, 논리와 근거를 점검하며 질문을 구체화한다. 독서와 글쓰기를 통해 아이들은 자연스럽게 질문하고 사고하는 힘을 길러간다.

아이들이 독서와 글쓰기 속에서 질문하는 법을 배우면서, 생각의 깊이는 자연스럽게 더해지고, 자신이 내리는 판단과 선택에는 구체적인 이유와 근거가 담기게 된다. 책을 읽으며 이해되지 않는 부분을 질문하고, 등장인물의 선택이나 사건의 전개를 탐색하면서 사고의 폭을 넓히는 경험을 시작한다. 한때 무분별하게 받아들였던 정보들을 비판적으로 바라보게 되며, 막막하게 느껴졌던 백지 앞에서도 차근차근 개요를 그려보고, 목차를 만들며, 지도를 따라 글을 써 내려간다. 한 번에 완벽한 글을 쓸 수 없다는 사실을 깨닫는 순간, 아이들은 고쳐쓰기를 통해 진심과 성찰의 가치를 배우게 된다.

이 과정에서 AI는 중요한 조력자였다. 질문을 받았지만 답은 아이들이 스스로 찾았다. 선택지는 제시 받았지만 최종 결정은 아이들이 했다. AI가 준 피드백을 받아 글을 수정하고 다시 쓰는 일도, 독서 과정에서 생긴 질문을 탐색하고 사고를 확장하는 일도, 결국 아이들 손끝과 마음에서 이루어졌다. 독서와 글쓰기를 통해 쌓은 사고력과 문제 정의 능력이 아이들을 스스로 생각하고 표현하도록 이끄는 것이다.

언뜻 보면 이렇게 AI가 많은 역할을 수행하면서 교사나 부모의 역할이 줄어드는 것 아닌가 하는 의문이 들 수 있다. 아니, 아이를 이끄는 어른의 역할은 오히려 더 중요해진다. AI는 글의 형태와 내용에 피드백을 줄 수 있지만, 글을 쓰고 질문을 기록하며 사고를 확장하는 아이의 마음을 읽고 격려하며, 그 과정을 지켜보는 것은 교사와 부모만이 할 수 있다. AI는 글과 독서 데이터를 분석할 수 있지만, 아이가 어떤 상황에서 이 글을 쓰고 책을 읽으며 생각했는지, 그 경험이 아이에게 어떤 의미인지 이해하는 것은 오롯이 어른의 몫이다. AI는 다양한 도구와 정보를 제공할 뿐, 어떤 도구를 언제 어떻게 사용할지 안내하고, 윤리적 사용과 저작권 존중, 진정성의 가치를 가르치는 일도 여전히 어른의 책임이다.

아이들은 독서와 글쓰기를 통해 나를 표현하고, 사고하며, 성장하는 방법을 배운다. 질문하고, 탐색하고, 다시 쓰며 스스로 생각을 다듬는 경험과, 책을 읽고 문제를 정의하며 다양한 관점을 이해하는 경험을 반복하면서, 아이들은 점점 자신만의 목소리를 찾아간다. AI는 도구였고, 교사는 안내자였지만, 결국 이 글과 생각들은 아이들 스스로 만들어낸 것이다.

질문을 던지고 답을 찾는 힘, 글을 쓰고 고쳐보는 힘, 책을 읽으며 사고를 넓히는 힘, 스스로 선택하고 책임지는 힘. 이러한 경험을 통해 성장한 아이들은 이제 스스로 생각하고 표현하는 사람으로 자라고 있다. 우리는 그 과정을 지켜보고 격려하며, 믿어주기만 하면 된다.

생각을 빚는 아이들. 우리 아이들이 바로 그런 사람들이다.

그들은 AI 시대에도 주체적 사고와 진정성을 지닌, 스스로 길을 만들어가는 사람들이다.